# 日本防卫力量
## 改革文汇

外国军事
理论译丛

孙绍红　刘世刚　等 编译

九州出版社 全国百佳图书出版单位
JIUZHOUPRESS

**图书在版编目（CIP）数据**

日本防卫力量改革文汇 / 孙绍红等编译. --北京：
九州出版社，2023.4

ISBN 978-7-5225-1680-6

Ⅰ.①日… Ⅱ.①孙… Ⅲ.①国防建设-日本-文集
Ⅳ.①E313.1-53

中国国家版本馆 CIP 数据核字（2023）第 058034 号

**日本防卫力量改革文汇**

| | | |
|---|---|---|
| 作　　者 | 孙绍红　刘世刚　等编译 | |
| 责任编辑 | 肖润楷 | |
| 出版发行 | 九州出版社 | |
| 地　　址 | 北京市西城区阜外大街甲 35 号（100037） | |
| 发行电话 | （010）68992190/3/5/6 | |
| 网　　址 | www.jiuzhoupress.com | |
| 印　　刷 | 北京盛通印刷股份有限公司 | |
| 开　　本 | 720 毫米 × 1020 毫米　16 开 | |
| 印　　张 | 16.75 | |
| 字　　数 | 226 千字 | |
| 版　　次 | 2023 年 12 月第 1 版 | |
| 印　　次 | 2023 年 12 月第 1 次印刷 | |
| 书　　号 | ISBN 978-7-5225-1680-6 | |
| 定　　价 | 56.00 元 | |

# 《日本防卫力量改革发展文汇》编译者

主　　编：孙绍红

副 主 编：刘世刚　费建华　崔　岚　赵　鹏

翻　　译：孙绍红　刘世刚　费建华　徐　莲
　　　　　李　倩　刘雅楠　董　冰　谢梓飞
　　　　　刘青梅　陈　琳　刘婉娟　张宋琦

校　　对：付红红　赵　鹏

审　　校：赵　峰　崔　岚

# 出版说明

　　为掌握世界军事发展大势，把握国际战略思想动态，了解外国军事理论，更好地为我国国防建设和发展服务，我们组织力量，精选题材，陆续翻译出版外国军事理论系列丛书，供广大军事爱好者和教学、科研人员翻阅使用。

　　为使读者全面了解外国军事理论的真实情况，我们尽量保留原书观点和表述，但这不代表译者的立场如此。敬请读者在阅读时注意甄别。关于翻译风格或语言错漏之处，欢迎读者批评指正。

本丛书编委会
2022 年于北京

# 译编者序

　　本书主要选取近十年来日本官方发布的防卫力量改革相关法规文件、研究报告、规划计划等权威日文资料，进行翻译和编校，力求较为全面、客观地反映日本防卫领域改革发展脉络、主要决策与建议事项等。力求为广大教学科研人员、研究生、部队指战员等广大读者提供第一手较为系统、权威的参考资料，以便更好地服务于我军建设发展。由于编译者的水平、时间所限，书中错漏之处在所难免，恳谈广大读者不吝指正。

编译者

2022 年于北京

# 目 录
## CONTENTS

# 防卫省改革方针

防卫省

2013 年 8 月 30 日

## 一、上一轮防卫省改革（2007—2009 年）

（一）主要经过

为汲取防卫省机关和自卫队部队频繁发生的腐败及事故案件带来的教训，2007 年 12 月，在首相官邸成立防卫省改革会议。该改革会议经过多次研讨，于 2008 年 7 月完成了研究报告（以下称《防卫省改革会议报告》），主要内容是分析腐败与事故案件的教训和防卫省改革的方向性。

根据《防卫省改革会议报告》提出的改革方针，防卫省在 2008 年 8 月制订了《防卫省改革实施计划》和《防卫省组织改革基本方针》，并基于上述文件，进行了三个方面的改革：一是贯彻规则意识，二是树立专业主义精神，三是建立总体最优化的任务牵引型业务管理模式。希望以此杜绝腐败及事故案件的再次发生，同时，决定分两个阶段推进中央组织机构改编。2009 年度，首先进行了设置防卫会议、废除防卫参事官制度和设立防卫大臣助理的第一阶段改革。

（二）原计划 2010 年实施的《防卫省中央组织机构改革方案》

该方案（以下简称"10 年改革方案"）主要内容包括：一是为了培养文官和自卫官的团结精神，在内部部局编入指定员额的自卫官；二是改编防卫政策局，强化其职能；三是为了改变以往陆自、海自、空自各自最优化的防卫力量发展模式，建立总体最优化的防卫力量发展方式，整合内部部局及各军种参谋部的防卫力量建设部门，在内部部局成立建设计划局（暂称）；四是为了消除部队运用部门实际业务上的交叉重复现象，撤编运用计划局，将其职能统一转移到联合参谋部。

另一方面，该方案主要着眼于在内部部局和联合参谋部正式混编文官和自卫官，通过按照各自的专业进行合理的岗位配置，构建起文官和自卫官协作的体制，因此，需要对防卫省的组织结构进行大幅调整，相应地，在改革过程中需要注意的事项以及对于细节的设计需要进行更深入的研讨之处还有很多。

具体而言，主要有：关于防卫力量建设的一元化管理体制，"10年改革方案"设计的体制并未充分反映出作为防卫力量建设前提的联合运用的重要性；研讨中也没有涉及在防卫力量建设方面发挥着重要作用的装备采办部门的改革。关于部队运用职能统一划归联合参谋部的问题，"10年改革方案"中对应当集中到联合参谋部的具体业务范围仍存在需要进一步研讨之处。例如，对于运用计划局撤编后，自卫队运用相关法令的计划、起草等业务全部转入联合参谋部是否合适这一问题，虽然进行了研究，但没有得出结论。

此外，在这次研讨过程中反思"10年改革方案"时，已经有人提出，倘若联合参谋长甚至连运用政策、对接国会等职能也掌握在手中，那么，其作为防卫大臣"军事层面最高专业建言者"的身份是不是也会变质了呢！

## 二、此次防卫省改革研讨委员会的讨论内容

### （一）防卫大臣指示

随着政权从民主党向自民党和公明党更替，2013年2月，防卫大臣下达指示，要求加紧推进防卫省改革研讨活动。防卫省成立副防卫大臣为首的防卫省改革研讨委员会，该委员会主要有以下三点职责：一是在我国面

临严峻的安全保障环境的形势下，为了贯彻文官控制制度，并且做到人尽其才，使自卫队更加积极高效地履行职能任务，从防范腐败与事故案件的基本点出发，组织必要的研讨，并与同步进行的"防卫力量发展形势"研讨会密切互动。二是汲取近年来自卫队应对"3·11"地震灾害、朝鲜发射导弹等任务中的经验教训，组织必要的研讨，重点研究中央组织机构的职责与编成方式，并与考虑设置国家安全保障会议等强化首相官邸安全保障"司令部"职能的研讨会密切协作。三是以《2014 年度防卫计划与概算》出台时期为期限，向防卫会议汇报研讨结果。

（二）研讨情况

1. 研讨体制

该委员会由副防卫大臣担任主任，成员包括防卫大臣政务官、防卫省事务次官、大臣官房长、各局局长和各参谋长等，下设由防卫省事务次官、大臣官房长、各参谋长等组成的干事会，另外根据"防卫力量建设""运用""政策制定""信息发布"等项目，分别设置副局长、大臣官房审议官、各参谋部部长级官员组成的项目组以及内部部局、各参谋部课长级干部组成的工作组，进行跨部门事务级研讨。

2. 研讨经过

在 2013 年 2 月本委员会成立之际，曾在副防卫大臣主持下召开了 7 次预备会议，从 2 月到 3 月，委员会对研讨论点进行了梳理，自 4 月份开始，各项目组、工作组围绕这些论点，进行了激烈的交锋和讨论。具体而言，委员会会议召开了 6 次，干事会会议召开了 4 次，项目组会议召开了 12 次，工作组会议召开了 21 次，进行了各个层级的讨论和研究。

另外，关于《防卫省改革会议报告》中建议的防止腐败与事故案件再次发生的措施，随着这些措施的落实，虽说取得了一定的成果，但在采办领域，还是再次发生了渎职案件。为此，防卫省在本委员会之外，单独设置了多个专门研讨委员会，如陆上自卫队新型多用途直升机（UH–X）开发项目企业选定案件调查与防止此类案件再度发生研讨委员会、虚报货款案件调查研究委员会等，研究如何防止此类案件再度发生的措施，并确认这些措施的进展情况。

## 三、防卫省改革的基本思路和方针

我国周边环境所面临的安全问题日趋严峻，中国在我国周边海空域活动频繁，朝鲜发展导弹和进行核试验。特别是，围绕领土主权和经济权益的"灰色区间"事态显性化、长期化，存在激化演变为更重大事态的可能性。我们也认识到，通过"3·11"地震救灾等部队运用暴露出的缺点也不在少数。另外，国内政策环境也发生了变化。2011年政府推出了"武器出口三原则一揽子特例措施"，并准备成立国家安全保障会议。

在此次防卫省改革研讨过程中，分析了防卫省机关和部队面临的情况变化，充分考虑了《防卫省改革会议报告》建议中指出的促进防卫力量建设整体最优化、减少运用相关业务重复现象、加强防卫政策的计划、制定和信息发布职能等观点，从如何使防卫省机关和部队更加有效地发挥其功能这一角度出发，调整部门职能，从高效合理的角度出发，推进防卫省组织机构改革。

彻底进行组织机构改革的方针如下：

1. 拆除文官和自卫官之间的壁垒

培养防卫省中央组织中文官和自卫官的整体感，对于实现快速决策来说不可或缺。为此，在防卫省内部部局编入自卫官岗位，同时，在各参谋部、主要部队新设文官岗位。

2. 从部分最优向整体最优转变（防卫力量建设）

放弃陆、海、空条块分割的单独最优化的防卫力量建设模式，采用整体最优化的防卫力量建设模式。以联合运用为中心，确立起重视的能力评估的防卫力量建设业务流程。与此同时，推进组织改编，通过实施武器装备全寿命周期管理，促进装备采办高效化、合理化，进而实现防卫力量发展的整体最优化。这一点在包括"10年改革方案"在内的以往改革论证中体现得并不充分。

3. 进行更加快捷的决策指挥（联合运用）

与自卫队运用相关的决策指挥必须确保正确性，同时，还应更加快捷。为此，在防卫会议基础上，建立起应对事态的高效协调机制；另外改编运用计划局等组织机构，将与实际部队运用有关的职能原则上统一归口到联合参谋部。

4. 加强政策制定和信息发布功能

自"10年改革方案"出台以来，防卫政策局逐步进行了职能强化。下一步，顺应"2+2"会议（外相+防长会议）增多带来的防卫省对外交往业务激增等形势变化，继续加强防卫政策局体制。随着首相官邸成立国家安全保障会议，其战略规划职能也将增强，防卫政策局应同步推进与之接轨的职能拓展。另外，还应加强代表防卫省进行信息发布的职能。

为真实有效地推进改革，文官和自卫官双方都应当进行观念革新。尤其在当今严峻的安全保障形势下，必须顺利推进改革，以避免造成事态应对等工作混乱或停滞不前。内部部局和各参谋部如同车之两轮，共同辅佐防卫大臣，在此次改革过程中，必须切实、分阶段地推进改革，巩固改革措施。当然，改革原本需要常态化实施，经常检验，并采取进一步的改革改善措施。

## 四、改革的具体措施

防卫省改革采取的措施具体如下。除前面提到的1—4项措施之外，还包括此次研讨当中新提出来的措施。上述措施将按照短期、中期、长期日程表，有步骤、分阶段地实施。

（一）相互配置文官、自卫官岗位

1. 修改《防卫省设置法》（1954 年法律第 164 号）中的有关规定，首先在内部部局编入一定员额的少校、中校级自卫官，同时在联合参谋部和各自卫队主要部队设置新的文职人员岗位。

2. 之后，在内部部局逐步增加高级别自卫官岗位编制，在各参谋部、各自卫队主要部队逐步增加文官岗位编制（中长期）。

（二）促进防卫力量建设整体最优和强化装备采办职能

1. 根据目前仍在推进阶段的"防卫力量发展形势研讨会"所提出的"防卫力量建设整体最优化方法"的实施结果，将于 2014 年度确立起新的防卫力量建设业务流程。

正在研究中的新业务流程概况：

内部部局和各参谋部将相互紧密协作，按照以下程序推进防卫力量建设。

（1）防卫政策局长和联合参谋长针对想定事态，不是从陆海空单个军种出发，而是从联合运用需求的角度，对防卫力量进行一元化的能力评估。

（2）联合参谋长基于（1）的评估结果，从联合运用需求角度，提出防卫力量建设方面应当重视的事项。

（3）防卫政策局长参照（2）的建议事项，从更加综合地分析形势、制定政策的角度，明确防卫力量建设的优先顺序。

2. 除上述旨在整体优化防卫力量建设的业务流程调整外，还将采取如下措施，促进装备采办业务更加公正、高效、合理地实施。

（1）关于武器装备采购项目，一是增设跨部门综合项目组，以对项目进展负全责的项目负责人为首长，二是加强项目管理，贯彻从武器装备的研发、采购至废弃为止的全寿命周期项目管理制度（2014 年度以后）。

（2）关于全寿命周期项目管理制度，可按部门适当地组织实施，同时，为了推进防卫力量建设最优化，维持和加强防卫生产和技术基础，下一步，结合研讨，将整合内部部局、各参谋部、技术研究本部和装备设施本部的装备采办有关机构，考虑设置"防卫装备厅"，实施组织机构改革。届时，还将研究加强监察职能，以进一步提升采办业务的公正性（中期）。

3. 加强联合运用职能

（1）关于自卫队运用的决策指挥，在确保正确性的基础上，还要更加快捷，为此，应培养文官和自卫官的整体意识，2014年度起，将在内部部局及联合参谋部相互配置自卫官和文官。

（2）为提高运用速度和效率，实际的部队运用业务原则上统一归口到联合参谋部。另一方面，运用相关的政策法规的计划、制定职能，属于行政、制度层面事务，继续由内部部局掌管。由此，在内部部局和联合参谋部之间，难免会产生包括向国会汇报等对外说明方面实际部队运用相关业务重复的情况，这一点需要纠正。运用计划局的改编，正是基于这样的判断，针对新增加的应对网络攻击及下面"4."中列举的对外交往业务，进行机构调整（中期）。

（3）应对事态之际，鉴于以防卫大臣为首的防卫会议和（紧急事态）对策本部已经很好地发挥了其作用，为进一步提高事态应对决策速度，在防卫会议领导下，建立内部部局、联合参谋部等机关有关干部组成的协调机构，以更加高效地进行事态处置。

（4）"3·11"地震救灾过程中，自卫队在展开行动时，联合参谋部从军事专业角度辅助防卫大臣的业务以及执行防卫大臣命令有关业务接踵而来，联合参谋长的负担激增，应接不暇。有鉴于此，为进一步提升联合运用的实效性，需要重新研究论证联合参谋部的职能、作用，同时，与防卫力量发展形势研讨会联动协作展开研究，以确保陆、海、空自指挥控制有效进行（包括研究成立陆上自卫队中央指挥机构以及该机构与各方面队司令部之间的关系）（中长期）。

4. 加强政策制定与信息发布职能

（1）为加强与有关国家之间的战略协商与对话，在防卫省新设防卫审议官，总署对外交往业务。

（2）为与下一步即将成立的国家安保保障会议无缝接轨，协助拟定国家安全保障战略，并且制定、推行与之相适应的防卫政策，结合成立后的"国安会"的活动情况，加强防卫政策局的战略规划职能。

（3）为加强宣传部门，采取如下措施：

一是成立专门宣传机构（宣传中心），负责在自卫队紧急行动、国际局势剧变及其他危机管控时，代表防卫省汇总需要统一发布的信息以及进行信息发布协调。

二是调整宣传机构组成，在我国面临的安全环境日趋严峻的形势下，使作为专门负责宣传事务官员的大臣官房宣传官和联合参谋部宣传官能够最大限度地发挥其技能，真正起到防卫省信息发布枢纽的作用，代表防卫省机关和部队，进行战略性的、富有效果的信息发布活动。

5. 加强与地区社团的合作

为了促进自卫队驻地、基地周边社会对自卫队的理解，强化发生大规模自然灾害等紧急事态时自卫队与地方公共团体之间的联络协调功能，与"防卫力量发展形势研讨会"密切联系与互动，研究自平时起就能与地区公共团体及有关省厅部门进行密切合作的地方组织（地方防卫局、地方合作本部、方面队司令部、地方队司令部等）的发展方向。

6. 严格情报管理

自卫队作为负责守护国家安全的组织，必须维系其可靠性，同时，还不能影响执行任务，为此，不仅需要保守防卫秘密，为防止泄露不应当对外公开的所有情报信息，针对各个层级的情报，应调整具体管理规定，力求不留死角，并建立起一旦泄露情报时的调查方式与调查体制。

7. 加强大臣官房的综合协调职能

从确保防卫省决策正确性的角度出发，继续调整业务范围，并加强以大臣官房为中心的政务辅佐体制，确保关部局平时即可以迅速、恰当地进行政务汇报。

## 五、结语

如前所述，防卫省改革必须以每一位自卫队员都经过观念革新的精神才能够切实向前推进。唯有如此，在本委员会的带动下，经过热烈的研讨，四中列举的防卫省改革具体措施才有希望得以落实。同时，关于采办相关腐败问题，在有关专门委员会也进行了研究，将会制定出杜绝的防范措施。

附：

# 2009 年度防卫省组织机构改革相关措施

防卫省

2008 年 12 月

## 一、具体内容

为强化对防卫大臣的辅佐体制，贯彻文官控制，计划撤销已形同虚设的防卫参事官，采取以下改革措施。

### （一）立法新设防卫会议（暂称）

通过立法新设防卫会议，作为防卫大臣等政治官员、文官以及自卫官三方共同审议有关防卫省所辖事务基本方针的机关。

防卫会议成员包括：防卫大臣、防卫副大臣、防卫大臣政务官、防卫大臣助理、防卫事务次官、官房长官和内局局长、各参谋长以及情报本部部长。

### （二）新设防卫大臣助理（暂称）

新设 3 名以内的防卫大臣助理，就防卫省所辖重要事项，基于自身所具备的卓越见识向防卫大臣提供咨询。防卫大臣助理为政治官员，由防卫大臣任命（2009 年度为兼职）。

### （三）其他

新设防卫省改革责任审议官（防卫省改革综合官）。

新设防卫省改革推进室。

## 二、今后的计划

修改《防卫省设置法》和《自卫队法》。

拟制有关防卫会议细节事项的《防卫省令》等。

# 2010 年度防卫省组织机构改革基本考虑

防卫省

2008 年 12 月

2008 年 7 月 15 日，防卫省改革会议提交了最终《报告书》，为落实《报告书》所提建议，防卫省于 7 月 18 日成立了由防卫大臣担任本部长的防卫省改革本部，8 月 26 日，提交了"防卫省组织机构改革基本方针"和"实现防卫省改革的实施计划"。

此后，为尽早、有计划地实现防卫省改革目标，防卫省积极开展工作，确保包括在法律上新设防卫会议在内的 2009 年度的措施付诸实施，同时对 2010 年度的组织机构改革情况进行了深入研讨。

通过研讨，我们厘清了 2010 年度组织机构改革的基本方向，并将其梳理总结为"2010 年度防卫省组织机构改革基本考虑"。

今后，我们将以此为依据，吸取前航空自卫队参谋长事件的教训，推进防卫省内部的研讨工作。

## 一、组织机构改革的目标

为防止事故和弊案的再次发生，我们将在切实、有效执行《报告书》所提出的改革三原则的同时，充分认识到自卫队当前所面临安全环境的变化以及自卫队所承担职能的重要性，推进根本性的组织机构改革，以确保文官控制，有效、灵活利用人才，使自卫队能够更加积极、高效地发挥作用。

基于上述目标，我们将努力促进文官和现役自卫官的融合，确立二者协作互动的体制，强化防卫政策局和联合参谋部的功能，实现防卫力量建设部门的一元化，并在管理部门以及人事、教育和训练部门采取相应改革措施。

## 二、确立文官和现役自卫官协作互动的体制

文官和现役自卫官各自拥有专业知识和相关经验，二者将在防卫省内部部局、联合参谋部、各军种参谋部等机构内实现混编，并进行全方位的协作互动。上述措施对于实现防卫省和自卫队的整体优化十分必要。

因此，我们应确保在防卫省内部部局定编现役自卫官，并实现制度化，而这一点在现行制度下是很难做到的。同时，我们将根据专业妥切编配文官和自卫官，真正构筑起文官和自卫官可协作互动的体制。

## 三、强化防卫政策局的功能

（基本方针）

为提高防卫政策局的防卫政策规划、制定和发布功能，通过在副局长以下级别职位中混编现役自卫官，扩充防卫政策局。

（实施计划）

对防卫政策局进行组织机构改革，重点强化其基于中长期视角的防卫政策规划和制定功能以及妥切应对海外不同地区多种安全问题的能力。

调整同功能得到强化后的联合参谋部、陆海空参谋部之间的关系，同新成立的防卫力量建设部门实现妥切合作。

在防卫政策局副局长以下级别职位中编配现役自卫官，实现文官和现役自卫官的混编。

（一）构筑新的防卫政策局的基本原则

1. 作为防卫政策关键部门，强化相关功能。为确保日本安全，防卫省

和自卫队发挥的作用将越来越大。在安全保障领域，既要强化首相官邸的中枢功能，确保其妥切辅佐首相和防卫大臣，进一步贯彻文官控制制度，实施更加有效政策，同时又必须强化防卫政策局的功能，该局应该成为日本防卫政策的关键部门。

2. 构筑整合有序的防卫政策执行体制。在 2010 年度的组织机构改革中，在撤销运用计划局并加强联合参谋部功能的同时，将对防卫省的组织机构进行彻底的改革，包括创设全新的防卫力量建设部门。在防卫政策局，将强化其同各参谋部以及新成立的防卫力量建设部门之间密切合作的能力，构筑防卫省全省整合有序的防卫政策执行体制。

（二）组织机构改革的具体方向

1. 强化基于中长期视角进行防卫政策规划、制定和发布的功能。《报告书》建议，为强化首相官邸的中枢功能，首相官邸应制定日本的国家安全战略。防卫省应该积极协助首相官邸制定国家安全战略，例如拟制"防御战略（暂名）"等，强化其基于中长期、综合性视角进行防卫政策规划、制定和发布的功能。

2. 强化包括海外活动在内的国际和地区性政策的规划和制定功能。为确保日本的安全更加稳固，防卫省和自卫队需要更多地参与国际活动，防卫省必须能够妥切应对海外各个地区所发生的多种安全课题。

在加强其中长期、综合性防卫政策规划、制定和发布功能的同时，为帮助防卫省和自卫队发挥上述作用，应在加强各种情报搜集和分析能力的同时，同情报部门、运用部门合作，提高包括海外活动在内的国际和地区性政策的规划、制定功能，此外，必须强化相关体制，从战略高度实施防卫交流、多边安全对话、军控和核裁军等。

3. 在防卫政策局内编配自卫官。为强化防卫政策局的上述功能，将在副局长以下级别职位中编配现役自卫官，构筑相应体制，确保现役自卫官的知识和经验在防卫政策规划和制定过程中能够直接得以反映。

## 四、强化联合参谋部的功能

（基本方针）

为确保自卫队运用功能的一元化，将撤销运用计划局，将该局功能移交联合参谋部，在联合参谋部副参谋长以下级别编配文官，同时综合考虑联合参谋长和陆、海、空参谋长之间的关系，强化联合参谋部的功能。

（实施计划）

撤销运用计划局，将该局功能移交联合参谋部，以实现自卫队运用功能的一元化。

确立如下用兵体制：决定出动部队等有关自卫队运用方面的重要事项，将通过防卫政策局，经防卫会议审议后，由防卫大臣决定。

在联合参谋部副参谋长以下级别编配文官，同时考虑联合参谋长和陆、海、空参谋长之间的关系，在联合参谋部内实现文官和现役自卫官混编。

（一）构筑新的联合参谋部的基本原则

管控自卫队、注重发展防卫力量的时代已成为历史，新的时代要求自卫队承担应对大规模灾害和可疑船只等各种事态、实施国际和平合作活动等多种任务，要求正确地使用自卫队。在安全环境发生巨变，危机管理意识日益提高的今天，为迅速、有效地应对各种事态，将撤销运用计划局，构筑新的联合参谋部负责统一运用自卫队。

届时，为进一步提高自卫队联合运用的实效，我们将就联合参谋长和陆、海、空参谋长之间的关系进行研讨，采取妥切的措施。

（二）组织机构改革的具体方向

1. 撤销运用计划局。因运用计划局同联合参谋部的实际业务存在重复，导致责任不明。为消除上述弊端，并确保所有业务在一个组织之下合理、一体化地展开，将撤销运用计划局，将其功能划归联合参谋部。

最终，运用计划局所负责的"关于自卫队行动的基本事项"将不再作为防卫省内部部局所负责的事务。

新的联合参谋部将发挥自卫队运用相关制度的规划和制定以及同其他省厅之间的联络协调功能。将综合考虑新的联合参谋部的职能、联合参谋部同负责"防卫以及警备基本事项"的防卫政策局之间的关系等因素，确定其具体业务范围。

此外，关于如何就新的联合参谋部的业务向国会做出具体的解释，今后我们将进行研讨并得出结论。

2. 在联合参谋部编配文官。在运用自卫队时，必须综合考虑国内外的政治形势，赋予联合参谋部规划和制定运用自卫队的有关制度并同其他省厅等进行联络和协调的新职能，同时，在新的联合参谋部副参谋长以下级别编配文官。

3. 其他。目前由运用计划局负责的"有关部队训练的基本事项"中，适合继续由内部部局负责的业务将继续由内部部局负责；围绕"有关防卫省信息系统建设和管理的事项""有关指挥通信的基本事项""有关无线电磁监管的基本事项"等，今后将对内部部局和联合参谋部的业务范围进行调整。

## 五、防卫力量建设部门的一元化

（基本方针）

为实现防卫力量建设部门的整体优化，将对内部部局和陆、海、空参谋部的防卫力量建设部门进行调整和整编，创设新的防卫力量建设部门统一负责防卫力量建设事业。

对于防卫力量建设部门统一负责的业务范围以及新部门的组织定位

(是定位为内部部局的一个局，还是定位为特殊的机关），将尽快拿出结论。

将确立相关制度，确保联合参谋部可以从运用自卫队的角度出发，陆、海、空参谋部从人事、教育、训练和补给等角度出发对防卫力量建设部门提出必要的意见。

（实施计划）

为实现防卫力量建设部门的整体优化，将对防卫力量建设部门进行调整和整编，创设新的部门统一负责防卫力量建设事业。

对于这一新部门统一负责的业务范围以及组织定位（是定位为内部部局的一个局，还是定位为特殊的机关），必须尽快拿出结论。

对于防卫力量建设的重要事项，确立以下决策机制：经防卫会议审议，由防卫大臣决定。

确立相关机制，确保联合参谋部和陆、海、空参谋部从部队运用整体优化的角度出发提出的意见和一线部队的需求能够妥切反映到防卫力量建设方针中。

新的防卫力量建设部门将实现文官和现役自卫官的混编。

（一）构筑新的防卫力量建设部门的基本原则

为实现防卫力量建设部门的整体优化，在制定各自卫队的组织、编制、编成、装备、部署等整体构想和计划的同时，制定计划、采取措施确保每一处设施都符合整体的目标。为确保能够根据优先原则集中使用预算，并通过联合化、通用化提高效率，应基于整体优化的考虑编制各年度预算。防卫省必须通过上述努力，统一开展有效、高效的防卫力量建设事业。

为此，将整合内部部局和陆、海、空参谋部的防卫力量建设部门，创设新的防卫力量建设部门统一负责防卫力量建设事业。

### （二）组织机构改革的具体方向

1. 新的防卫力量建设部门的业务。新的防卫力量建设部门将统一负责防卫力量建设事业，因此，防卫省将制定统一的防卫力量发展构想、发展计划，全面负责年度预算的编制和执行等，并负责同内阁官房等机构进行协调。

在制定上述防卫力量发展构想和发展计划的同时，将就作为我国防卫力量主要构成要素的各自卫队的主要部队、主要装备、通用装备、系统相关装备、研究开发、自卫官编制、事务官编制等事项开展预算编制作业，如编制年度预算申请等。

2. 不列入统一管理的事项。为确保各自卫队队务的顺畅开展，与各自卫队队务密切相关的事项将暂不列入统一管理的范畴，仍由各参谋部负责处理。不过，新的防卫力量建设部门最终将收归上述业务，以实现防卫力量建设的整体优化。

3. 新的防卫力量建设部门的组织定位。新的防卫力量建设部门原则上定位为防卫省内部部局的一个局，今后，我们将对该部门的具体业务要领和组织结构等进行研讨和论证。

## 六、管理部门以及人事、教育和训练部门的改革措施

（基本方针）

为避免内部部局和联合参谋部、各参谋部的业务重复，将尽量实现管理部门的联合化。

关于自卫官的人事、教育和训练，将构筑必要体制，由陆、海、空参谋部负主要责任，同时内部部局从制度和政策层面统一辅佐防卫大臣。

（实施计划）

管理部门的工作应避免各机关业务重复，应由防卫省联合实施，所以

应尽量实现联合化。

另外，将在内部部局积极录用自卫官，实现管理部门内文官和现役自卫官的混编。

关于自卫官的人事、教育和训练部门，将构筑必要体制，由陆、海、空参谋长所领导的各参谋部负主要责任，同时内部部局从制度和政策层面统一辅佐防卫大臣。

（一）管理部门

管理部门的工作应避免内部部局同各机关的业务重复，应由防卫省联合实施，所以应尽量实现联合化，提高工作效率，有效利用人才。

在具体研讨此项业务时，应将重点放在从事类似业务的部门和分担相同业务的部门，从实际业务是否存在重复的角度出发进行整理和归类，注意不能影响到各参谋部的业务运营，必要时调整组织机构，同时改善业务要领，提高效率。

（二）人事、教育和训练部门

自卫官的人事、教育和训练业务是各参谋部的主要职权范围，因此将调整各参谋部负责的具体事项，同时，我们认为，内部部局应从制度和政策层面统一辅佐防卫大臣，因此也将调整内部部局应负责的具体事项，以确保内部部局和各参谋部所承担的业务更加合理。

在具体研讨此项业务时，我们将尽量避免内部部局和各参谋部之间的业务重复，详细调查内部部局和各参谋部的业务要领，必要时将修改相关规则。

## 七、其他

（一）设置专门部会

为对上述 2010 年度组织机构改革的具体方向进行研讨，我们将尽快在防卫省改革本部下设置专门部会，研讨具体的编成方案、新的业务要领等，防卫省改革本部在明年 8 月底前将全力进行 2010 年度的预算申请编制工作。

（二）对业务进行验证

为确保根本性组织机构改革能够真正发挥作用，避免引发不必要的混乱，必须确保整个系统向新组织机制的顺畅过渡。因此，我们将对业务进行验证，确保 2010 年度的组织机构改革目标得以实现。

# 提高防卫力量实效性结构改革路线图

## ——防卫省建设机动防卫力量相关措施

提高防卫力量实效性结构改革推进委员会

2011 年 8 月

# 第一专题　研究通过联合增强能力、
# 优化部队编成

按照《2011 年度以后的防卫计划大纲》的指导思想，应着手建设机动防卫力量，构筑能使自卫队更加有效、高效地应对各种事态的态势和体制。

因此，应主要从联合的角度，对改革五年来的自卫队联合运用体制等各种状况进行评估，对三自卫队的机动能力、输送能力、指挥控制能力、通信能力、情报搜集与警戒监视态势、防空态势、教育训练、部队状况等进行全面分析，以探讨如何进一步提升能力。

另外，自卫队在应对 2011 年 3 月的"3·11"大地震期间，积累了许多与本次讨论有关的经验，总结出的各种教训也将在此次讨论中得到体现。

本次讨论的大部分领域已明确了今后的发展方向，有些已经进入具体实施阶段。今后还将继续进行研究，努力构筑所要达成的态势与体制。

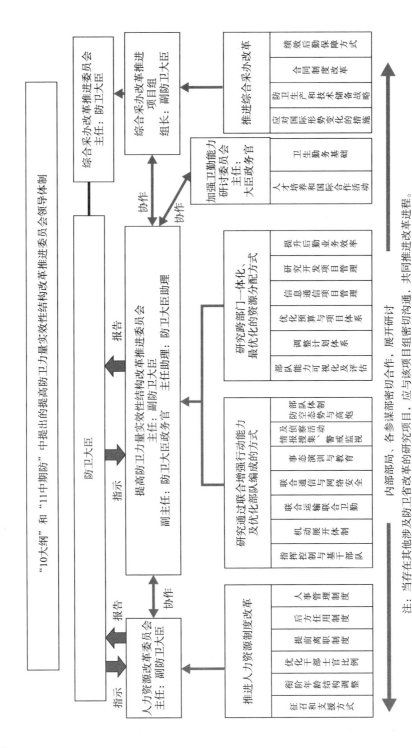

## 一、指挥控制与基干部队

为了确保国民安全，各自卫队应从平时就建立起相关体制，能够作为一个整体灵活应对包括复合事态在内的各种事态。为了实现这一目标，应从联合的角度出发，探讨指挥控制方式以及与构建机动防卫力量相配套的基干部队编成。

（一）现状分析与课题

1. 现状分析

（1）联合运用体制

在联合运用体制思想的指导下，防卫省和自卫队着力建立在平时就能够对陆海空自卫队进行一体化运用的态势，并在多次重大事件中，以联合运用为基本原则采取行动，取得了一定的成果，如：此前向印尼爪哇岛中部地震灾区派遣国际紧急救援队，派遣自卫队参加 2007 年新泻县中越湾地震救灾行动，索马里亚丁湾的反海盗行动，应对朝鲜弹道导弹危机行动，参加联合国海地维稳特派团等国际维和合作活动，以及参加"3·11"大地震的救灾行动等。

与向联合运用体制过渡时期相比，日本所处的安全保障环境出现了更加多样化、复杂化、多层次化的变化。为了更加有效地应对复合事态，防卫省需与政府相关机构进行密切合作，同时强化联合参谋部职能，以进一步完善指挥控制职能建设。

为此，本次研究设想了今后连续或者同时发生多种事态的情况，主要围绕以下两个问题进行了探讨：①在现行体制下，联合参谋长是否能够很好地辅佐防卫大臣？②是否能够提高部队运用的实效性和妥善地遂行作战任务？

（2）运用态势

指定主要部队指挥官为联合任务部队指挥官，同时根据事态的规模、影响程度确定部队的运用方式。在编组联合任务部队时，可按地区编成，或按任务划分编成。

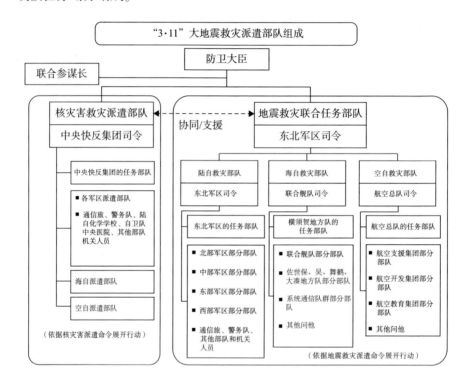

对于"3·11"大地震救灾行动这种需出动三自卫队在日本全境进行应对的重大事件，应从推进联合运用以及加快构建日美联合应对态势的角度，对现行指挥机构关系进行调整，探讨指挥控制体制的最佳模式。目前陆上自卫队五个方面队和中央快反集团均是单独行动，缺乏在日本全境进行联合运用的能力。

对于日本防卫力量处于真空状态的岛屿地区，须部署所需最小限度的部队，维持活动基地，提高机动能力，通过联合运用提高有效应对能力。

另外，由于首都圈等城市地区是政治经济中心，人口密集，信息基础设施集中，在应对各种事态时存在安全保障上的脆弱性，应根据日本所处的安全环境，进行更加有效的应对。

2. 课题

为了在平时就能够严密且持续地应对包括复合事态在内的各种事态，须以指挥控制及基干部队的以下几个方面为课题进行探讨。

指挥控制：提高有效应对需在日本全境出动大规模自卫队应对的复合事态的指挥控制能力；提高严密且持续应对事态的能力；提高政府内部协调能力；提高日美联合应对的能力。

基干部队：提高重点地区（西南地区及首都圈等城市地区）的应对能力。

(二) 今后的发展方向

在通过本次研究所得到的提高联合运用有效性的相关措施中，关于加强紧急应对所需的运用职能等，将从 2012 年度预算起进行必要的安排。

另外，下列两项将作为中长期的研究课题，对各种事态（包括复合事态）的应对方案进行具体验证，并提出今后的发展方向。

1. 中央指挥机构的建设目标

基于上述课题，为加强对防卫大臣的辅佐职能和自卫队的运用体制，对参谋部、主要部队司令部等机构的建设方向继续进行探讨。

2. 以上述中央指挥机构的建设目标为基础，对重点区域的基干部队的建设方向进行探讨

今后的路线图：2011 年确定中央指挥机构和重点区域基干部队今后的建设方向，2012 年至 2015 年进行细化研究。

## 二、机动部署

新《防卫计划大纲》在谈到构建有效应对各种事态的防卫力量时提出，"为迅速严密地应对事态，提高以快反能力为代表的部队综合运用能力"十分重要。此外，为具体落实这一点，新《中期防卫力量发展计划》提出，

"须构建在应对岛屿地区受到攻击、确保周边海空域安全、应对复合事态等各种情况下，各自卫队均能一体化有机应对的体制，确保国民安全"。

因此，从联合的角度出发，以"能够向目标地区迅速展开各自卫队的部队及联合部队，以有效慑止和应对事态的机动部署"思想为主线，探讨今后如何加强和建设部队行动时的基地、机动能力，输送能力以及有效应对能力等防卫体制。

（一）现状分析与课题

1. 现状分析

（1）概况

《2011 年度以后的防卫计划大纲》提出的基于机动防卫力量的自身努力的基本原则是：为了早期发现各种征兆，平时就对日本以及周边地区进行常态化、持续性的情报搜集、警戒监视和侦察活动，确保情报优势，同时根据各种事态的发展，实施迅速且严密的应对。

但是，鉴于日本为南北狭长的弧状列岛，岛屿众多，在自卫队部署处于空白的岛屿地区受到攻击时难以应对等特点，主要研究在岛屿地区建立据点、构建机动部署的相关态势。

（2）岛屿地区的防卫态势

在应对岛屿地区的事态时，应以确保周边海空域及海上运输航线的安全为前提。另外，除平时部署的及执行警戒监视任务的自卫队部队外，须在事态发生前，将来自全国的增援部队、武器、弹药、燃料、零部件、维修支援器材等作战物资集结到岛屿地区，以在巩固的防卫态势下慑止和应对事态。

然而，目前岛屿地区的自卫队体制及应对能力相当有限，今后须重点加强平时部队部署以及机动部署能力。

①平时部署。《2011 年度以后的防卫计划大纲》指出，对于防卫力量处于真空地带的岛屿地区，要部署必需的最小限度的部队，同时建设部队

行动基地。同时，为了使自卫队更有效地发挥作用，须提高基地的抗毁能力，确保燃料和弹药充足。

因此，"新中期防"提出，将在西南岛屿部署沿岸监视部队和移动警戒雷达，修建预警机（E-2C）基地，并计划在那霸基地增加战斗机部队，但应对能力仍很有限。

②机动部署能力。在岛屿地区进行机动部署相当耗时，因此在应对事态时，除三自卫队的运输力量外，还需考虑如何灵活运用民间运输力量。

特别是在陆上自卫队部队进行机动部署时，必须依靠强大的海上运输力量，除自卫队的运输力量之外，很大程度上还要依靠民间运输力量。海、空自卫队机动部署时亦然。虽然自卫队的舰艇、飞机等本身可以进行机动部署，但是保障其行动的作战物资的运输，因其需求量大，仍需依托民间运输力量。

2. 课题

从前面的现状分析可知改善岛屿地区状况的必要性。而且，此次"3·11"大地震中自卫队在应对方面得出了以下几点教训：①自卫队的运输能力有限；②出现了因港湾受损而无法从海上投送陆上部队的状况；③作为机动部署的基础，驻地和基地至关重要。鉴于此，在应对岛屿地区的事态时，还有很大的改善余地，须研究以下课题：在对部队现状做出评估的基础上，研究如何进行部队的机动部署；如何建立岛屿地区的基地和后勤补给；如何提高机动部署能力。

（二）今后的方向

在应对事态时，机动部署可分为以下三种：

①为强化岛屿防御态势而进行的部署。在周密的事前准备下，在岛屿遭进攻前部署，以阻止侵略，保卫岛屿。

②为在初期迅速应对各种事态而进行的部署。当发现有各种事态出现

的征兆或发生突发性事件时，进行初期阶段的应对。

③为有效应对不测事态而进行的部署。有机协调各部门，有效应对遭敌进攻等不测事态。

今后，将在质量及规模方面进行探讨，对各国的状况进行调查，明确具体的防卫体制建设目标。

另外，以上述机动部署方式为基础，从建设机动防卫力量的角度出发，围绕"为强化岛屿防御态势而进行的部署""为在初期迅速应对各种事态而进行的部署"进行相关探讨；从完善职能的角度出发，围绕"为有效应对不测事态而进行的部署"进行相关探讨和研究。今后的具体研究事项如下：

1. 中期研究事项

（1）关于岛屿地区机动部署的各种职能，应在研究外国陆海空军及海军陆战队的做法的同时，探讨自卫队应具备的机动部署能力以及如何运用并维持具备应对能力的部队。

（2）研究平时如何向目前处于真空地带的岛屿地区部署部队以及与此相适应的全国的部队部署方式。

（3）考虑到平时部署部队和应对事态时机动部署部队进驻的需要，研究如何在岛屿地区设置基地以及加强后勤补给。

2. 中长期研究事项

（1）研究机动部署所需的自卫队输送能力，以及如何灵活运用民间及美军的输送力量。

（2）为了确保周边海空域以及海上运输航线的安全，研究海空自卫队部队严密应对事态所需的态势和体制。

（3）研究在"灰色地带"（译注：指有事与平时之间）机动部署部队的权限，以及如何提高自卫队的机动部署能力。

### 三、联合运输、联合卫勤

#### (一) 联合运输

《2011 年度以后的防卫计划大纲》所制定的日本安全保障基本方针中，日本自身努力的基本原则是，"当发生各种突发事件时，根据事态的发展严密应对"。从机动防卫力量的综合运用角度看，为了能够根据各种突发事件的发展加以迅速严密应对，须在联合参谋长的指挥下，加强各自卫队及特殊部队（包括联合任务部队）的人员和物资的联合运输。

另外，要提高联合运输的实效性，以适应自卫队所处环境的变化，如部署部队时运输需求量增加，海外行动的机会增多，以日美安全保障体制为中心的多边运输合作体制的发展等。

1. 现状分析与课题

(1) 现状分析

为应对事态进行机动部署时，运输工作是在联合参谋长设在联合参谋部的运输指挥机构（联合运输指挥所）的统一指挥下实施的。

①联合运输指挥。应对事态时，除了要确保必要的运输力量（包括民间运输力量）和运输场所外，还需设置能够顺畅妥善地实施各种运输的据点（目的地等）、管理运输线路，满足日益增多的各种运输需求，因而联合运输指挥承担的业务量急剧增加。

这在"3·11"大地震后的自卫队救灾行动的实际情况中得到体现。特别是刚开始震灾时，运输能力的集中、据点及运输线路的设置、运输需求的增多等，都需要有强大的联合运输指挥能力，因而大幅增加了联合运输指挥所的人员力量，以加强其职能。

②运输能力。应对突发事件时，为集中日本全国范围内的部队及补给物资，需要大量的运输力量，除自卫队（特别是海空运输力量）外，还要

充分利用民间运输力量。

向岛屿地区机动部署部队时，由于民间船舶的班次少，难以确保自身运输需求，因此加强机动部署能力是十分紧迫的课题，这也是机动防卫力量的重要组成部分之一。

③运输基础。目前，包括岛屿地区在内，与运输相关的机动部署基础有限，运输能力的发挥受到制约。另外，关于弹药运输等运输任务本身，其装载的内容和目的地港口的选择等，在法律上受到许多制约。

（2）课题

为加强联合运输能力，今后须研究以下课题：①在确定联合运输指挥的范围及必要职能的基础上探讨联合运输体制；②提高自卫队的运输能力，构筑可充分利用民间运输力量的机制；③探讨运输有关制约事项的应对措施。

2. 今后的发展方向

（1）加强联合运输指挥

在联合运输指挥范围的研究基础上，为建设真正有效的联合运输指挥所，需研究出其应具备的职能、联合运输指挥所的工作章程及维持要领。

另外，作为中期课题，要研究如何在中央机构中设置联合运输机构。

（2）提高运输能力

结合机动防卫力量的建设，在研究自卫队应具备的运输能力及维持要领的同时，研究当发生各种事态时如何充分利用包括外国运输力量在内的民间运输能力。

（3）运输基础建设

在继续研究扩大岛屿地区的基础设施（可以利用的机场、码头等）的同时，针对各种制约事项研究对策措施。

（二）联合卫勤

《2011 年度以后的防卫计划大纲》在谈到自卫队的体制建设相关重要事

项中，关于医疗卫生的表述是"以联合原则为指导，建立有效高效的体制"。

另外，"新中期防"也提到，"为加强应对多样化任务，应在建设联合后送体制的同时，加强对海外派遣部队的医疗支援职能"。因此，要研究联合参谋部的医疗职能维持要领以及应对岛屿地区事态时的治疗和后送情况相关的联合卫生保障课题。

1. 现状分析与课题

（1）现状分析

目前医疗活动的基本设想是，各自卫队单独实施为主，各自卫队难以单独行动时进行相互协作。另外，医疗活动产生矛盾时，联合参谋部视情进行统一指挥管理。

对此，近年来，在以国际紧急救援队为代表的国际维和、灾害派遣等行动中，医疗行动本身逐渐被世人关注。另外，在"金色眼镜蛇"演习、"环太平洋"联合演习等多国训练中，多军种医疗行动为主体的训练也逐渐形成标准化。

另外，由于各自卫队在国内外执行联合任务的机会增多，外部环境发生了变化，需有效利用陆海空自卫队的医疗卫生资源。以往联合参谋部在运用层次上直接辅佐联合参谋长的医疗卫生态势和体制不够完善，而且，从专业的角度对各自卫队的医疗职能进行横向统一调整并明确制定医疗运用构想的能力也有所不足。

（2）课题

在细化联合参谋部医疗卫生职能的维持要领的同时，提高制定偏远岛屿发生事态时的医疗运用构想的能力，是一个十分紧迫的课题。

①在医疗方面能够恰当辅佐联合参谋长的态势和体制；

②在实施联合运用时，各自卫队履行医疗职能时的横向协调机制；

③应对西南地区事态时的治疗和后送机制。

2. 今后的发展方向

（1）加强联合参谋部的医疗职能

为加强联合参谋部的医疗职能，要深化对其维持要领的研究。具体来说，须加强联合运用所需的医疗信息收集分析能力，提高医疗运用构想制定能力，同时确立从专业的角度直接辅佐联合参谋长的体制。

（2）岛屿地区的治疗和后送

关于在应对岛屿事态时伤病员的治疗和后送问题，目前正在研究包括目的地在内的具体后送要领及后送所需的治疗状况。

# 四、联合通信及网络空间安全

《2011 年度以后的防卫计划大纲》指出，需保持以包括卫星通信在内的高科技情报通信网络为基础的指挥控制功能、情报共享态势及网络空间攻击应对态势，以确保联合运用得以顺利实施。

因此，要从联合运用的角度研究联合通信及应对网络空间攻击的态势，同时在联合通信方面，结合自卫队在"3·11"大地震救灾中得出的各种教训加以探讨。

（一）现状分析与课题

1. 现状分析

（1）联合通信的现状

确保指挥命令准确下达与迅速实现情报共享的联合通信，是联合运用的基础，因而要构建能够准确反映各种革新成果的体系。

基于上述认识，自卫队一方面立足长远对联合通信进行探讨，努力建立并应用统一的网络；另一方面成立自卫队指挥通信系统队，通过培养具备高水平知识和技能的人才加强这一体系。

更进一步地说，加强作为联合运用基础的联合通信非常必要，另外关于应对大规模特殊灾害，作为"3·11"大地震的教训，要加强迅速应对通信受到破坏等情况的能力，并加强自卫队内相互间情报共享手段。

（2）应对网络空间攻击的现状

日本所处的安全环境中，稳定利用网络空间所面临的安全风险成为新课题，在此认识基础上，要加强针对网络空间攻击的应对机制及综合应对能力。

因此，防卫省和自卫队要根据网络空间的攻防形态，理清思路，同时要加强能够综合发挥保护自卫队情报系统所需职能的能力和体制，培养高素质人才。

另外，在目前各国均将反网络空间攻击作为安全领域重要课题的情况下，日本应考虑如何应对，并有必要建立政府统一应对的体系。

2. 课题

根据上述现状分析，为加强联合通信及反网络空间攻击体制，需研究以下课题。

联合通信：为加强联合运用，构筑网络管理体制；确保自卫队整体有效高效的态势和体制。

应对网络空间攻击：应对日益增多的网络空间攻击；加强综合应对网络空间攻击的体制。

（二）今后的发展方向

1. 联合通信

根据"3·11"大地震的教训，应立即讨论如何加强各自卫队部队的情报共享，并采取必要措施。

另外，应继续研究以下事项：

（1）一元化运用网络的态势

如何建设有助于加强联合运用的固定通信网的一元化运用机制。

（2）新型联合通信体制

为加强一元化指挥控制与情报共享，建立联合通信体制。

2. 应对网络空间攻击

关于网络空间攻击的应对思路、综合应对网络空间攻击的态势及体制以及专业人才的培养等问题，应在防卫省内迅速进行横向研究，并采取诸如新设反网络空间攻击核心组织等措施。

另外，在关注各国动向的同时，继续研究以下事项。

（1）与美国的合作方式：与美国等国在网络空间战略层面上的合作。

（2）协助政府进行统一应对的要领：根据政府应对网络空间攻击所采取的统一措施，确定自卫队的配合要领。

## 五、演习、训练和教育

根据《2011 年度以后的防卫计划大纲》提出的建设机动防卫力量的构想，为了切实发挥《2011 年度以后的防卫计划大纲》提出的防卫力量的作用，制定了自卫队训练的基本方针，即进一步加强联合运用能力，维持并提高自卫队与美军的联合作战能力，提高有效慑止和应对能力，进一步稳定亚太地区的安全环境，改善全球安全环境。

（一）现状分析与课题

为提高自卫队有效遂行任务的能力，自卫队开展了联合训练以及各自卫队的训练，但根据系列想定的训练很有限，并且受到联合训练所需的训练环境，特别是训练场所的制约。

为构筑亚太地区安全环境，自卫队继续开展多国联合训练，但需要特别加强联合的日美澳和日美韩三国联合训练的机会很少，有必要增加训练机会并充实训练内容。

自卫队在进行联合演习、海外撤侨等联合运输训练时，得到了相关省厅机构的协助，但相关省厅参与的规模和内容均有限。

目前实施联合训练时的训练计划制订、训练评估及教训总结等机制都不够完善，这些都是训练基础建设，必须加以提高，并强化各种训练保障体制，如加强包括模拟在内的系统运用管理体制等。另外，还要在有效利用美军训练设施的基础上，确保各自卫队在西南地区的训练基地，而目前，训练计划、训练评估和保障机制均不完善。

（二）今后的发展方向

为提高自卫队有效遂行任务的能力，在维持并加强此前包括日美联合训练在内的各种训练的同时，需要组织实施包括西南岛屿在内的岛屿防御训练，如在西南地区进行联合机动部署训练等。

为构筑安全环境而进行的训练，要考虑提高作战能力、加强与各国间的互信关系，更加有效地实施包括日美韩、日美澳之间的多国联合训练，同时根据需要组织新的训练，以扩展并深化训练内容。

关于相关省厅、地方自治体参加自卫队训练的问题，在继续参加和更多参与此前各种训练的同时，还要创造新的训练机会。另外，还要积极参加内阁官房牵头的政府整体训练。

作为训练基础的建设工作，联合训练工作要研究并落实如何提高制订训练计划、进行训练评估及吸取经验教训的能力，同时研究并落实如何改进使用模拟技术的训练保障体制。各自卫队要夯实训练基础，如强化制订训练计划、训练评估和保障职能，更加充分利用北海道地区的演习场等良好的训练场地，建设西南地区正面的训练场，合作使用美军设施（训练场、设施等），扩大训练空域等。另外，内部部局也要改进工作机制，以适应各参谋部强化职能。

## 六、情报搜集、警戒监视和侦察活动

《2011 年度以后的防卫计划大纲》提出机动防卫力量作为日本安全保

障的基本方针，为了进一步维护日本周边稳定，提高遏制力的可靠性，特别强调了"适时、适当地运用平时的情报搜集、警戒监视、侦察等行动，对外宣示日本的意图及高水平的防卫能力"。因此，要通过平时在日本周边海空域的情报搜集、警戒监视、侦察活动（以下称为"不间断监视"），确保日本的情报优势地位。

（一）现状分析与课题

自卫队必须致力于在日本周边（包括西南地区）海空域进行不间断监视，以确保该海空域的安全。在日本国家利益受到侵害时进行有效应对，同时要确保指挥命令准确下达及迅速实现情报共享，建立综合运用防卫力量的环境，为有效应对各种突发事件提供支持。

日本周边国家军事力量快速增强，现代化进程加快，军事行动日益活跃，自卫队的不间断监视能力可能会落于下风。

因此，针对日本周边国家军事力量的动向，为确保日本的情报优势，今后应对所需不间断监视的有关事项进行谋划。

另外，应吸取目前从"3·11"大地震中得出的教训，在不间断监视相关研究中应注重以下事项：改进各自卫队执行不间断监视任务时的横向协调机制，改进危险地域的不间断监视手段，提高所搜集情报的有效传输和共享能力，完善各自卫队与情报本部间的情报共享机制。

（二）今后的发展方向

1. 在现行体制下提高不间断监视能力的具体措施

（1）新型固定翼警戒机（P-1）的运用要领；

（2）在西南地区建立预警机（E-2C）的部署基地；

（3）在西南岛屿地区建立移动警戒雷达的部署基地；

（4）研究部署在西南岛屿地区的沿岸监视部队的任务等。

2. 探讨不间断监视的未来态势

在现行体制下制定提高监视能力的措施的同时，对想定事态进行分析和评估，探讨不间断监视的未来态势，并提出具体措施。

在建设具备快速性、机动性、持续性、多目的性的机动防卫力量的前提下，明确不间断监视能力提高的相关重要事项，同时，作为该课题的应对之策，应探讨引进各种无人机等新型装备。

## 七、防空态势与防空部队体制

从日本四面临海的地理特征和现代战争样式来看，一旦遭到正规侵略，通常会首先遭到飞机和导弹的空中突袭，并可能反复多次遭到空中打击。另外，有的国家在开发和部署射程覆盖日本的弹道导弹，这是日本面临的现实威胁。

因此，"新中期防"将提高防空能力和应对弹道导弹攻击能力作为主要建设事业之一。

在自卫队进行体制改编时，要对各自卫队的横向职能进行调整，并研究有利于加强机动防卫力量建设的有效高效的组织、编成和业务内容。

因此，对于陆上自卫队和航空自卫队的防空部队，要着眼于联合，进一步探讨有效高效的体制建设。

（一）现状分析与课题

目前，防空作战分为两种形式：一是以航空自卫队为主体实施的迅速应对敌方空中攻击的全面防空作战，二是陆、海、航自卫队为保卫其基地和部队实施的单独防空作战。其中，陆上自卫队拥有能够为作战部队及重要地区提供有效防空的地空导弹部队（03式中程地空导弹及改良式"战斧"导弹），航空自卫队拥有既能实施重要地区防空作战，又能应对弹道导弹攻击的地空导弹部队（"爱国者"导弹）。

根据上述现状，着眼于未来威胁的发展动向和联合运用实效性的提高及高效战斗力的建设，将研究以下课题：从联合的角度，探讨全面防空作战中一元化运用战斗力的方案；从加强联合运用基础的角度，探讨防空部队未来的装备（未来的装备是否可互通等）。

（二）今后的发展方向

通过上述课题，研究在以航空自卫队为主体建立的全面防空体系中，如何进一步提高对陆上自卫队地空导弹部队的有效指挥。此外，要研究有助于提高未来具备机动性和灵活性的装备互通性的技术问题。

今后，通过探讨如何加强能使战斗力迅速综合发挥的防空态势，以及未来装备的互通性、教育与后勤补给体制等，推进防空部队有效高效的体制建设的中长期研究。

# 第二专题  研究跨部门一体化、最优化资源分配方式

## ——"建设更加精强自卫队"项目

在有限的经费预算和人力资源条件下，为提升防卫力量的实效性，必须张弛有度地大胆进行筛选和整合，推进前所未有的改革措施。为此，在准确把握防卫力量现有能力（一线部队的人员装备情况等）的基础上，思考如何维系和培养适应科学技术进步的精强自卫队，如何有效建设机动防卫力量，研究不受陆、海、空"框架"束缚，从跨军种有效地分配资源（人员、装备、技术和预算等）角度出发的项目管理与预算分配模式，发展必要的能力。届时，不止限定在自卫队内部，还应积极灵活地运用民间技术和能力，更有价值地推进防卫力量建设。另外，在防卫力量建设过程中，无论是整体计划还是单个项目，都应完善计划（Plan）、执行（Do）、评估（Check）、改进（Action）这一 PDCA 闭合循环体系，通过全程管理

提升建设的实效性。具体来说，包括六个方面的研讨内容：一是部队能力的可视化与评估，二是调整各类计划体系，三是优化预算与项目体系，四是信息通信项目管理，五是研究开发项目管理，六是提升后勤业务效率。

本文中的"可视化"，原意是指肉眼可见，在此指"能够迅速简便地进行有价值的信息和认知共享"。

部队能力的可视化与评估，是指以自卫队整体或部队为单位，通过简易的方法对防卫力量的现有能力（部队配备的武器装备的数量、完好率及部队活动情况等）进行日常准确把握的调查研究，这项工作对于实际掌握与部队需要的功能、能力之间的差距很有必要。

调整各类计划体系，是指改革防卫省机关和部队各种计划的制定程序、标准和检验方法，以便更加有效地推进防卫力量建设。例如，对现有的中长期发展计划（几年到十年以上）、年度发展计划、陆海空自单独防卫计划及联合防卫计划等，基于联合的视角，更加灵活、有效地梳理各类计划体系。

优化预算和项目体系，是指在上述部队能力的可视化与评估、调整各类计划体系的基础上，研究制定年度计划时，进行跨部门一体化、最优化资源配置的方法。这一研讨项目对于把需要的资源迅速恰当地分配到必要的地方不可或缺。另外，评估环节作为年度预算和项目管理方法的核心，可以将信息通信项目管理、研究开发项目管理和提高后勤业务效率等个别项目与其他项目进行对比，进行综合把握。

信息通信、研究开发、后勤业务各项目，属于各自卫队通用的领域和职能，同时也是民间拥有更好技术、生产和应变能力的领域。这些领域的防卫力量建设，可以充分利用民间潜在能力，解决个别具体项目问题。届时，要研究如何提高该项目建设效率，提高自卫队整体能力，总结出今后的发展方向。

由于参照了欧美国家军队改革和应用民力的成功经验，因此，可行性较高。另一方面，考虑到要实施业务改革，达成目标均为前所未有的，因此，参照欧美先例，通过引进飞行员模范试验制度，积小成功为大成功，切实提升改革成果。

## 一、部队能力可视化和评估

在资源有限的条件下，为加强我国的防卫态势，客观评估现有防卫能力，准确把握其与现在应当保持或者将来应当具备的防卫力量之间的差距至关重要。为此，需要进行必要的情报搜集和共享。

（一）现状分析和课题

此处提到的"可视化"，具体而言，是指以下意思：

一是掌握部队现状，即掌握部队的人员、装备、设施等情况（如新旧装备的数量、完好率、活动量、训练水平等），并尽可能从数量上客观掌握与现有部队编成要求的数量或目标之间的差距。

二是明确上述掌握的防卫力量现状和今后应当具备的防卫力量之间的差异。

三是不仅在个别项目建设中解决上述差异，还应在防卫力量整体建设中与有关部门共同解决这些差异，借此理清未来防卫力量建设课题，作为决定建设方向的基础资料，另外，在对现有能力进行评估和部队运用之际，在制定防卫与警备计划之际，也可作为参考。

当然，在现状分析中，根据具体的业务要求，掌握构成防卫力量要素的人员（满编率等）、物件（武器装备的状态等）和基础设施（设施建设情况等）状况，按照一线部队→上级部队→各参谋部→防卫省内部部局的顺序，梳理各部门职能，完成研究报告。

不过，报告要点和情况把握的方法、程度，陆上、海上、航空自卫队各异，单纯地对各自卫队能力进行比较验证并不容易。各个报告和数据也只是基于该职能有意识地进行的搜集整理，即使汇总起来，也未必能够立刻成为防卫力量建设的有用情报。之所以这样，是因为即便同一种类的武器装备，在不同军种，其管理方法、称呼、用途均不相同，很难一概而论地进行比较，更不消说对部队训练水平进行量化处理原本就很困难。

换言之，为了进行必要的预算分配，确定优先发展次序，作为中央机关的各参谋部、防卫省内部部局须弄认清自卫队部队的现有能力及其与需要能力之间的差距，了解当前自卫队内部存在的风险，以便准确做出判断，将资源（人员、装备、技术和预算等）恰当地投放到需要的地方。但目前，用于掌握防卫力量现有能力的统一数据系统和评估方法尚未建立起来，为了把握和评估自卫队整体及各部队能力现状，掌握与应有的防卫力量之间的差距，仍需很大的时间和精力。

正因如此，才要求引进将自卫队能力现状可视化的研究方法。届时，为了将人事管理、物品管理方面搜集到的各类数据充分应用到预算编制过程、预算执行过程中，必须理清数据的所在位置、特点和定义，有目的地进行搜集与评估，使其成为促进防卫力量建设的有用信息。

（二）今后的发展方向

此前，为了实现"可视化"目标，筛选了需要调理掌握的要素，分析这些要素与预算之间的关系，曾经研究过引进能够运用现有数据的软件系统。在研究论证的基础上，采取了如下试行措施：一是通过自卫队通用标准格式，分析了主要设施的现状；二是以部分武器装备为对象，将现有计算机可以处理的数据整理为数据库。下一步，将在上述研究基础上，继续有效利用现有数据，深化细化项目研究和试验，为正式引进"可视化"系统打好基础，以有效推进防卫力量建设。同时，还应与各类计划体系调整、优化预算和项目体系研究成果相匹配。

首先，在准备阶段，基于前面两项措施以及后续试验，完成"可视化"系统设计。为提高"可视化"系统利用率，定期进行数据搜集必不可少。为此，应注意尽可能利用各级部队业已展开的人员、装备、设施调查统计得来的信息和数据。

其次，随着试运行的展开，还应兼顾各类计划体系调整、优化预算和项目体系研究成果，为下一步正式引进"可视化"系统，在各参谋部和内部部局探讨该系统的未来发展趋势。

## 二、调整各类计划体系

防卫力量建设不是一朝一夕之功，需要长年累月地进行，必须具备中长期视野。为此，政府在《防卫计划大纲》（以下本报告中简称"大纲"）中，提出防卫力量发展方针和应有的防卫力量指标，在《中期防卫力量发展计划》（以下本报告中简称"中期防"）中，明确五年所需建设经费和主要武器装备采购数量。防卫省根据"大纲"和"中期防"，计算出各年度所需经费，编制年度预算，推进防卫力量建设。

"10 大纲"规定："为顺利、迅速、准确地实现本大纲确定的防卫力量建设目标，有计划地推进项目管理，进行事后评估。同时，为推进本大纲规定的防卫力量发展方向调整，不断展开研究，提出防卫力量应有发展态势。"

为了顺应国际形势发展趋势，研究论证未来应有的防卫力量发展目标，防卫省制定了防卫力量建设、维持和运用计划（各类防卫计划），根据防卫省统一的方针，将运用需求以及使用数理方法进行的防卫力量能力评估结果恰当地反映到防卫力量建设过程中。因此，建立合适的计划体系非常重要。届时，应展开各类防卫计划相关内部研讨，以使各类计划服务于政府制定"大纲"和"中期防"。

同时，"大纲"和"中期防"的事后评估的实施也须有效运用现有体制。另外，作为防卫力量建设的程序和标准，还提出了应有防卫力量的研究要领以及"大纲"和"中期防"的流程和评估要领。

（一）现状分析与课题

1. 需要发展的防卫力量研究要点

防卫省为明确各类防卫计划制定要领，有计划、有组织地管理自卫队事务，提升队务管理效率，确保自卫队有效履行其任务，专门制定了《关于制定各类防卫计划的训令》，并据此制定防卫力量建设、维持和运用计划。该训令规定，由联合参谋长、陆海空自参谋长负责，评估内外形势，制订防卫力量长期运用方针（联合长期防卫战略，约 15 年）、中期构想（联合中期防卫构想、约 5 年），能力评估（搜集、整理、分析评估防卫力量能力所需的数据）以及每年度的防卫力量发展计划、防卫与警备计划等有关计划。

另外，关于武器装备的研究开发，防卫省制定有《关于武器装备研究开发的训令》，规定各参谋长负责提出研究、开发需求，由技术研究本部长负责根据上述需求，制订年度业务计划、重要技术研发实施计划以及中长期技术评估报告。

迄今，防卫省已经制定了"76 大纲""95 大纲""04 大纲""10 大纲"等几部《防卫计划大纲》。总体上，随着安全环境的变化，安全保障课题日趋多样化，防卫力量的职能也不断扩大。关于需要发展的防卫力量研讨本身也应当适时做出调整。

例如，为有助于重修"大纲"和制订"中期防"，防卫省内部基于军事视角研究未来需要发展的防卫力量，涉及各类防卫计划体系调整之际，以往主要重视了明确与"大纲""中期防"之间的关系、各类防卫计划之间联系、基于联合视角进行能力评估等方面。但为更全面地思考未来需要发展的防卫力量，还不能仅仅从军事角度出发，还应以更广阔的视野，观察国内外形势，并有必要建立能够高屋建瓴地思考防卫力量发展方向的计划体系。同时，在此前将部队运用事务统一划归联合参谋部的改革成果的基础上，有必要将联合运用需求恰当地反映到各类计划之中。

如前所述，在研究未来需要发展的防卫力量以及防卫力量建设方针之际，基于更广阔的视野，将联合运用需求合理反映到其中至关重要，但按照现行各类防卫计划制订训令的有关规定，仍旧有许多不完善之处。这主要是因为，按照现有各类防卫计划制订训令的有关规定，防卫省没有明确提出联合参谋长和三军种参谋长在制订计划时应当作为统一依据的方针，这致使各位参谋长制订的计划之间关联性不强；其结果是，计划制订过程中需要考虑的优先事项并不一致；另外，联合参谋部对于防卫力量建设的参与度并不充分，与各军种参谋部之间的互动也不足，这直接导致在其后的防卫力量建设中对运用需求反映得不到位。

以往的各类防卫计划，使用数理方法进行防卫能力评估，并将评估结果中发现的缺陷及其他应改进之处反映到防卫力量建设方针当中，以进一步提升防卫力量发展的合理性。不过，以往的各类防卫计划、中期能力评估尽管规定了"应尽量使用科学的分析评估方法"，但偏重于定性评估，定量评估略显不足，研究评估的客观性也不够。这主要是因为防卫能力评估的标准尚未明确，防卫能力评估的完成时期也有些不合适。

研究开发方面也是如此，各军种分别基于本军种的运用、建设构想制订研发计划，很难做到整体最优。这主要是因为在武器装备研究开发过程中，从联合角度出发将运用需求和能力评估结果融入项目启动、废止等项目管理体制机制尚不健全。

综上所述，在现行防卫计划体制下，仍存在两方面的不足：一是按照防卫省统一方针，将运用需求和防卫能力评估结果准确反映到未来防卫力量发展计划当中（演绎法）；二是将现有防卫力量运用的经验、训练成果和防卫、警备计划制订过程中发现的问题恰当反馈到防卫力量建设当中（归纳法）。

2."大纲""中期防"跟踪评估要领

"10大纲"规定：为顺利、迅速、准确地实现本大纲确定的防卫力量建设目标，有计划地推进项目管理，进行事后评估。与以往一样，"11 中期"规定，在执行 3 年后进行重新调整。

此前，根据"中期防"规定，防卫省制订各军种年度业务计划，每年对各自卫队进行例行评估，并将评估结论体现到之后的业务计划当中。针对特定项目，防卫省还专门展开政策评估，组织实施评估。但按照现行各类防卫计划体系，并未在防卫省确立起通行的方法，以便能够对各自卫队年度业务计划进行跨军种评估，对各类计划进展情况持续跟踪评估。另外，各自卫队评估与政策评估按照业务进行评估的评估制度之间的联系也不充分。

因此，为有助于有计划地向"大纲"确定的防卫力量发展目标过渡及进行事后评估、"中期防"调整，有必要重新构建评估制度，充分利用年度业务计划实施情况、政策评估结论等现有评估体制，吸收"可视化""最优化""研发项目管理"等项目研讨成果，对项目完成情况进行持续跟踪评估，并将评估结论反映到防卫力量建设当中。

（二）今后的发展方向

1. 需发展的防卫力量研究要领

为制订新的"中期防"和定期调整"大纲"，防卫省机关和部队必须经常研究未来需要发展的防卫力量。届时，各类防卫计划体系调整也应有利于改善这些研究。防卫省内部部局和各参谋部密切合作，研究构建新的各类防卫计划体系，使其能够将运用需求和防卫能力评估准确反映到防卫力量建设当中。为此，一是防卫省应制定统一方针，根据该方针，制作体现联合运用需求的未来防卫力量建设构想。二是应明确评估标准，依据该构想，运用数理方法组织防卫能力评估，综合评价各自卫队现有防卫力量和应拥有的防卫力量。三是将这些能力评估结论和新提出的运用需求准确反映到未来需要发展的防卫力量发展构想以及必要的态势调整当中。届时，为将运用需求准确反映到计划当中，应研究联合参谋部参与防卫力量建设的方式。

在武器装备研究开发方面，亦可依据上述发展方针，在新构建的各类防卫计划体系中，将联合运用需求和防卫能力评估结论体现在研发方针当中；还可与各类防卫计划紧密结合，根据各类防卫计划提出的防卫力量发展方针，研究改善现有装备、引进海外装备以便加强防卫技术储备的方案，恰当地进行研发项目管理。而在研发项目的计划阶段进行的风险评估与成本核算，在整个研究开发项目管理过程中，将成为改进管理的基础数据。另外，在重新确定"大纲""中期防"跟踪评估要领之际，也应当将研究开发进展情况确切地反映到各类防卫计划当中。

2. "大纲""中期防"执行情况跟踪评估要领

为有效组织"大纲"规定的事后评估，顺利推进"中期防"调整研究，灵活利用现行年度业务计划执行情况报告和政策评估制度，跨部门追踪"大纲""中期防"达成情况，同时，利用"可视化"系统研讨机制，掌握武器装备发展实际情况；利用研究开发项目管理研讨机制，在武器装备研发推进的适当节点，将研讨成果恰当地反映到各类防卫计划之中。

另外，在编制年度防卫力量发展计划（即业务计划）和预算时，不应拘泥于各自卫队框架，而应依据"大纲""中期防"提出的防卫力量建设重要事项、联合运用需求以及不同年度的特殊性等，确定优先发展顺序，并从"最优化"角度出发，进行跨部门预算分配，将建设资源合理地配置给必要的能力和项目，研究构建将年度业务计划评估结果体现到后续防卫力量建设当中的循环评估机制。

2011 年度，将研究建立构建跨部门评估各类防卫计划执行情况的跟踪评估机制。

3. 修订有关训令

综上所述，首先，按照重新构建的各类防卫计划体系试验性地进行计划拟定，提出计划结构、表述事项、能力评估的评价标准的模板，再形成整体计划框架；其次，研究防卫省内部协作要领，运用定性定量相结合的方法，明确各自的文件在各类防卫计划体系之中的定位、样式、完成时限和评估标准等，确立起能力评估机制，并将其转化成与武器装备研发相关制度配套的制度。在此基础上，本年度考虑修订有关训令，进行防卫省制度改革。

## 三、优化预算和项目体系

鉴于日趋严峻的财政状况，为有效、高效地进行防卫力量建设，要求比以往任何时候都要注意将有限的资源恰当地分配到所需的领域。尤其是，防卫力量建设要紧紧跟上技术革新步伐，必须有计划地进行投资，以确保新式武器装备采办、研究开发和技术储备得以顺利进行。

为了获取优化资源配置时需要的基础数据，需要将自卫队整体及各部队现有能力进行"可视化"处理和评估。不仅对现有能力进行"可视化"，还对各类计划体系进行了调整，以便基于现有能力，定期检验中长期防卫力量发展规划，研究将"需要发展的能力可视化"的可行性。在此，吸收以往研究成果，研究"预算和项目可视化"的可行性，以便优化预算和项目体系。

（一）现状分析和课题

为实现预算和项目最优化目标，需要进一步明确各年度预算的重点事项、优先次序，打破军种界限，跨部门地将资源有效地配置给真正需要的职能和领域。但这样做的前提是，必须共享进行年度防卫力量建设时确定重点事项和优先次序的判断理由，提供必要的信息。

为此，必须掌握部队的现状、实际情况及其与需要发展的防卫力量之间的差距（部队能力的可视化与评估、调整各类计划体系）。通过进行现状评估和掌握差距，才有可能知道现有防卫力量整体上有哪些风险，并通过比较这些风险，判断出将资源优先投向哪里。总之，为了实现预算和项目管理最优化目标，需要与部队能力可视化和评估研究、各类计划体系调整研究相配套，研究改进预算分配业务流程的方法。

为实现预算和项目管理最优化，防卫省机关和部队究竟应该如何进行预算分配，有多种观察角度。但实际上，迄今为止防卫省的预算是按照机构区分和预算科目区分两种方式进行管理，按照这种方法，当需要维持和建设特定的部队、采购和运用特定的武器装备时，却难以按照统一的标准对所需的预算进行衡量，也难以对其进行跨部门的比较或评估。换言之，预算分配是否符合部队的现状与实情？有限的资源是否被真正地分配给了需要的部门和效率高的部门？这些都需要从联合运用的角度出发，对此进行跨部门的评估，进而建立起能体现评估结论的预算分配机制。然而事实情况是，防卫省对作为其提前的信息掌握并不充分。这也意味着，在计划、执行、评估、改进这一所谓"PDCA 闭环"当中，防卫省对于起着先决作用的信息掌握仍不充分。而这些信息在预算分配过程中，对于确立起分析预算执行效果并将分析结论体现到此后的预算分配中的工作机制具有关键的作用。

（二）今后的发展方向

为掌握作为优化预算管理前提的信息，目前，不仅通过预算科目来了解预算分配情况，还正在研制能够从多个角度分析评估组织与功能的支援软件工具，未来可运用真实的数据进行预算验证。首先，通过该软件工具的实际检验取得结论，同时梳理预算项目流程方面存在的问题，继续研究包括该软件本身在内的预算管理系统及业务流程改进方向。届时，还将对各国防卫预算及其执行管理制度、流程等开展调研。

基于上述试点与调研结果，研究推进部队能力可视化与评估、调整各计划体系，在试错过程中，实现预算与项目管理体系的最优化。同时，根据可视化试验结果，研究启动最优化进程。

（后略）

# 防卫力量发展态势研究中期报告

2013 年 7 月 26 日

防卫力量发展态势研究委员会

## 一、研究背景

自《2011 年度以后的防卫计划大纲》（2010 年 12 月 17 日安全保障会议及内阁会议通过）（以下简称"现大纲"）制定以来，我国周边的安全保障环境变得更趋严峻。为顺应时局强化我国防卫态势，政府决定在年内重新修订现大纲（《关于 2013 年度的防卫力量建设》）（2013 年 1 月 25 日安全保障会议及内阁会议通过）。

为给政府层面的讨论提供参考，今年 1 月防卫省设立了以防卫副大臣为委员长的"防卫力量发展态势研究委员会"（以下简称"委员会"）。委员会至今已经召开 22 次会议，具体就以下议题进行了研究：基于国内外形势和联合作战视角的防卫力量能力评估、日美同盟、自卫队运用现状分析与课题、信息通信（网络）、改善国际安全保障环境的活动、太空政策与无人机以及弹道导弹防御（BMD）、装备政策与研究开发、信息（情报）、人事教育与卫勤政策、联合作战及各自卫队体制的发展方向等。委员会拟在前期研究的基础上，从注重联合作战的视角，向防卫会议就研究的方向性及要点做如下汇报。

## 二、委员会研究的方向性及要点

（一）安全保障环境

1. 全球安全保障环境

随着全球化的发展，国家之间相互依存关系日益加深。在此背景下，世界和平稳定、经济繁荣已成为各国的共同利益。另一方面，一国滋生的混乱和安全保障问题迅速波及全球的风险不断增加。而且，随着新兴国家的进一步发展和美国的影响力的相对变化，国际社会的多极化趋势不断走强。

除了传统的地区纷争，围绕领土、主权、海洋等经济权益等的所谓"灰色区间"事态呈增加趋势。

确保海洋、网络、太空的稳定使用已成为国际社会安全保障方面的重大课题。海洋方面，如果沿岸国家对国际海洋法做出独自的解释，单方面主张本国权利或付诸行动，就会导致与其他沿岸国家发生摩擦的可能性进一步增大。网络空间方面，发生攻击重要基础设施，损害其稳定使用的可能性日益显现，且不断增大。太空方面，存在诱发军事利用太空竞赛的可能性。

关于大规模杀伤性武器和弹道导弹的扩散问题，虽然国际社会一直努力采取防止措施，但是仍然得不到遏制。脆弱国家和失败国家的存在成为国际恐怖主义滋生和蔓延的温床。这些都将继续成为紧迫议题。

2. 关于我国的安全环境

在包括我国周边在内的亚太地区，各国相互依存关系不断扩大深化。区域内各国不仅在经济方面深化合作，在以非传统领域为核心的安全保障方面的合作也在持续开展。另一方面，亚太地区仍集聚着大规模的军事力量。现大纲制定以来，各国军事力量的现代化，军事活动的扩大化、活跃化趋势更趋明显。此外，围绕领土和经济权益等的"灰色区间"事态呈现表面化、长期化趋势，其转化为尖锐严重事态的可能性令人忧虑。亚太地区的安全保障环境因此变得更加严峻。

在此背景下，世界各国强烈期待中国在世界和地区范围内发挥更加积极、合作的作用。但是，中国正持续保持高水平的军费增长，全面快速强化军事力量。特别是以装备发展为核心，海空军的作战能力显著增强。此种军事力量现代化的现状、目的和目标尚不明确，缺乏足够的透明度。中国被指存在以军事目的利用太空的可能性，军方还被指组织参与了部分针对外国政府机构等信息通信网的网络攻击。

美国方面，其影响力虽出现相对变化，但仍对世界和平稳定发挥着最大的作用。美国明确将包括安全领域在内的战略重心置于亚太地区（亚太再平衡）。尽管面临财政问题等制约因素，美国还会通过介入地区事务，维持并强化在该地区的前沿存在。

我国由于地形的特性，自然灾害频发。特别是从前年3月发生的"3·11"地震来看，大规模自然灾害一直会成为我国的重大隐忧。未来，存在着发生南海海槽巨大地震或首都直陷型地震的可能性，自卫队更须以万全之策应对大规模自然灾害。

3. 总体评价

综上所述，目前各国依存关系深入发展，美国对维持世界和平稳定持续发挥作用。在此状况下，大国之间爆发类似冷战时期的那种大规模武装冲突的可能性继续走低。

但是，自现大纲制定以来，各种安全问题和不稳定因素更趋表面化、尖锐化。"灰色区间"事态呈现长期化态势，并且可能转为更严重的事态；中国在缺乏足够的透明度的情况下全面快速推进军事力量的现代化，海洋活动急剧扩大与活跃；朝鲜进一步推进核武器和导弹的开发；网络空间安全使用受干扰的可能性增大。我国周边的安全保障环境更趋严峻。在国内，防备大规模自然灾害的重要性已受到重视。

（二）我国自身的努力

1. 基本方针

为确保我国的安全，必须防止直接威胁波及我国，一旦受到威胁必须在排除威胁的同时把损失降到最低。防卫力量是保障国家安全的最终担保，也是坚决捍卫国民生命财产安全，国家领土、领海、领空安全的意志与能力的体现，保障我国安全的根本是我国自身的防卫努力。

基于这样的认识，我国必须在加强与同盟国合作的同时，积极投身地区、全球性安全事务，在预防威胁发生的同时，努力遏止各项事态，并在事态表面化时能够根据事态的变化和长期性予以无缝、持续应对。

2. 政府的整体性努力

为强有力地推进我国的安全保障政策，国家必须做出整体性努力。委员会就今后政府有必要进行彻底讨论的要点展开了讨论。

自卫队当前正在应对现实发生的各种事态，包括中国对我国领海的反复入侵、领空的侵犯，朝鲜导弹的发射以及大规模自然灾害等。今后需要着眼于可能发生的事态，锐意推进各种事态处置预案的制定和完善。与此同时，需要不断扩大演习和训练，重视日常训练活动。为此，很重要的一点是，要强化防卫省、自卫队与相关省厅的合作，从平时起就要根据情报搜集、灾害排除、国民保护等事态的发展及时做出无缝应对，以提高政府整体的应对处置能力，确保国民的安全与安心。还要加强与美军、地方公共团体及民间企业等的合作，提高处置事态的效果。

为维护地区与全球安全保障环境的稳定，我国需要积极投身国际和平合作活动，强化政府开发援助（ODA）等外交活动、强化与相关省厅及非政府机构的通力合作。为进一步迅速有效地开展国际和平合作活动，政府必须研究完善相关制度，如参加国际维和行动的 5 项原则、一般法律、司令等重要职位人选的派遣等。

鉴于今年 1 月在阿尔及利亚发生的人质事件，今后在开展陆上运输等自卫队拓展任务的情况下，需要积极商讨情报搜集、交通运输、信息通信等各种态势，提高部队的应对能力，构筑政府能妥善应对突发事件的体制。

（三）日美同盟强化的方向性

基于日美安全保障条约的日美安全保障体制与发展合理的防卫力相得

益彰，是维护我国安全的基础。以日美安全保障体制为核心的日美同盟不仅对我国，而且对亚太地区乃至全球的稳定与繁荣都发挥着"公共财产"的作用。

现在，美国基于亚太再平衡战略，不断加强与包括我国在内的同盟国的协作与合作，参与本地区事务，维持并强化其前沿存在。在我国的周边安全环境变得日益严峻的形势下，对我国而言，强化日美同盟较以往任何时期都更加重要。基于这样的认识，为加强日美同盟的威慑力及应对能力，同时减轻驻日美军给当地带来的负担，有必要从以下几个方面进一步加强日美同盟。

为保卫我国以及维护地区稳定，维持并强化美国对我国安全保障承诺是必不可少的。因此，需要付出较以往更大的努力来确保我国的安全，具体来说，要以强化我国自身的能力为前提，通过讨论我国应承担的职责和任务以及日美防卫合作方针的修订，来进一步加强日美防卫合作。

为应对安全保障环境的不断变化，应提升日美在西太平洋的前沿存在，构筑无缝应对包括"灰色区间"事态在内的各种事态。因此，需要持续推进日美的共同训练、共同警戒监视以及设施和区域的共同使用。

扎实推进驻日美军整编，在维持美军威慑力的同时，减轻地方负担。特别重要的是通过对冲绳美军基地的调整、合并、缩小（包含共同使用）以及分散基地负担等方法，最大限度地尽快减轻冲绳地方的负担。

（四）推进亚太地区的合作及维护全球安全环境的稳定

在亚太地区，各国以非传统安全领域为中心的具体合作关系正不断取得进展，但是安全保障环境却变得越发严峻。如何缓解域内国家的对立情绪和相互间的戒心是一个需要持续关注的重要课题。

全球安全保障问题仅凭一国之力很难应对。因此，从平时起与国际社会携手维护安全环境的稳定是极为重要的。

在此背景下，军事力量的作用趋于多样化，不仅用于慑止和应对纷争，而且在国家间互信和友好关系的增进、复兴支援等和平构筑等方面发挥越来越重要的作用。

在关注以上几点的同时，今后需在以下方向做出努力。

1. 推进亚太地区的合作

①强化与盟国间的合作。为维护亚太地区的稳定，有必要在灾害救援、维和、应对恐怖主义等国际性活动中，进一步推进日美合作，深化日澳、日韩两国间，日美澳、日美韩三国间的合作。在与澳大利亚之间通过以非传统安全领域为中心的联合训练来提高相互运用能力。在与韩国之间，通过签订"情报保护协定""相互提供物资与劳务协定"（ACSA），建立日后合作的基础。

②增进区域内互信，深化安全合作。中国与俄罗斯在地区安全事务上发挥着重要影响力。有必要从相互理解的立场出发，推进与中俄之间的对话与交流。中国的海洋活动范围正迅速扩大且日趋频繁，为了防止、规避不可预测事态，通过尽快建立联络机制，采取推进互信关系的措施是十分重要的。

与俄罗斯启动了外长与防长的会谈（"2+2"），相互理解得到深化。今后在推进后续的高层级交流进行的同时，还应促进更广泛的部队层面的交流。

基于区域内力量平衡的变化，进一步增进与东南亚国家等域内伙伴间的合作关系是不可或缺的。具体而言，要将联合训演和能力援建等活动上升到具体、有形的阶段；要强化与印度的关系，重点在海洋安全领域展开合作。

能力援建是增进双边防卫合作关系的重要途径。今后，应通过与政府开发援助（ODA）等外交活动的整合，通过与联合训演和国际和平合作活动等的协调，来推进能力援建活动是非常重要的。美澳对能力援建持积极态度，因此强化与两国的合作关系，扩大能力援建受援国数量和增加支援内容也是很重要的。

在当前域内多边安全合作与对话不断取得进展的情况下，防卫省、自卫队应在携手美澳的同时，为构建域内秩序与合作关系做出积极的贡献。具体而言，应积极参加多边联合训练和演习，应重视东盟防长扩大会议（ADMM+）、东盟地区论坛（ARF）等多边框架。

2. 维护全球安全保障环境的稳定

①与国际社会携手确保安全保障环境的稳定。我国与美国等在国际安全上拥有共同利益。因此，从平时起加强与这些国家在全球性安全议题上的合作是很重要的。

由于地区冲突、国际恐怖活动的扩大和扩散、失败国家和大规模杀伤性武器的扩散等全球安全保障课题的持续存在，我国今后将在军控、裁军、不扩散方面继续强化推进各种措施，积极推进国际和平合作活动、打击海盗、能力援建等各项活动。

我国今后要进一步推动同北约（NATO）、欧洲各国的合作，共同应对上述课题以及网络、太空等安全课题。同时，还要推动双方在装备以及技术方面的合作与交流。

②积极推进国际和平合作活动。自卫队一直以高技术含量的设施活动为中心开展国际和平合作活动，在这种自卫队擅长的领域积累实绩是非常重要的。为了能够派遣自卫队积极参加国际和平合作活动，需瞄准在非洲等边远地区开展活动的需求强化运输和通信能力；需完善安全确保、后勤补给、卫生勤务和情报搜集等方面的体制，助力活动的顺利持续展开；需重视对执行任务的自卫队员和留守家属的帮助和照顾，做好长期派遣的准备。

为以更加有利的姿态参与国际和平合作活动，以及实现自卫队员在任务区司令部高级岗位和联合国维和局职能岗任职，需从中长期的视角来推进人才培养，从质和量两方面确保人才具备相应的能力和经历。

自卫队与平民、他国部队、接受国进行合作的机会今后会大大增加。因此，需要继续谋求尽早解决自卫队在开展和平构建领域活动现场遇到的问题，如宿营地共同防卫、紧急情况下的平民保护、他国军队的重建支援等。

此外，为灵活开展国际和平合作活动，要对包括现有据点在内的海外据点的中长期发展方向进行研究。自卫队将来还有可能被派遣参加治安和警卫等更具强制性的活动，因此有必要对相关态势进行研究。

（五）防卫力量的发展方向

1. 防卫力量的作用

现大纲将防卫力量的作用分为"有效慑止及应对""维护亚太地区安全环境的稳定"以及"改善国际安全环境"等三个方面，强调确保平时与相关机构的协作，切实发挥以上作用。目前这三个方面的表述大体上依然适用，但也需要根据不断变化的安全保障环境在内容上不断进行充实。

现行大纲制定以来，中国在我国周边海空领域的活动频繁，不断入侵我国领海，侵犯我国领空；朝鲜强行实施弹发射和核试验。因此，我国周边安全环境变得更加严峻。在国内防备大规模自然灾害的重要性受到重视。在这种形势下，有必要从联合作战的角度出发，完善防卫力量发展体制，使自卫队今后能够充分发挥应对各种事态的作用。同时，应当留意各种事态同时发生的可能性。

2. 防卫力量的能力评估

我国周边安全环境变得更加严峻，自卫队应对复杂局面的必要性显著提高。在这种状况下，为发展更加有效的防卫力量，在本次防卫力量发展方向的研究中，重视基于联合作战的能力评估，并实施相关作业验证了现有防卫力量能否有效应对各种事态。本次能力评估不囿于现有陆、海、空自卫队的框架，而是从联合作战的观点出发，着眼于自卫队自身的功能和能力进行评估，目的在于导出在防卫力量发展中应该重视的功能和能力。据此，需在现有严峻财政状况下，明确今后防卫力量发展的优先事项，从联合的、综合的观点出发，建设真正有效的防卫力量。接下来，要着眼新大纲的制定，尽早完成该项能力评估工作，进一步明确优先事项，并将研究成果反映到新的体制中。

3. 完善自卫队体制应重视的方向

基于委员会迄今所讨论的事项和能力评估，列出以下完善自卫队体制应重视的几个方向。在当前安全环境，有必要将这些方向作为强化以西南地区为主的我国防卫态势的重要课题进行研究。

（1）有效应对各种事态

a. 强化警戒监视能力。为实现有效的慑止和应对，有必要对我国周边广阔区域实施常态不间断的警戒监视，有必要充实各种装备以提高尽早发现各种事态预兆的能力。现有装备能力不足以支撑在距离我国领海领空较远区域所进行的情报搜集工作，也不足以支撑在该区域发生紧急事态时所实施的空中常态不间断的警戒监视。因此，应讨论引进超高空滞空型无人机，以降低搭乘人员的危险及负担，强化在广阔区域的常态不间断的警戒监视态势。

b. 应对攻击岛屿。为有效应对针对岛屿的攻击，确保在任何情况下的海空优势是必不可少的。为使部队根据事态的变化迅速展开行动，确保机动作战能力和水陆两栖作战能力（相当于海军陆战队的功能）至关重要。具体而言，为切实维持海空优势，需对飞行器质量的提高，空中常态不间断的作战、警戒能力以及广域常态不间断的反潜警戒能力的充实，反舰导弹性能的提升等进行研讨；为切实完善快速应对事态的机动作战能力和水陆两栖作战能力，需对部队及装备的部署、联合运输的充实强化、民间运输能力的有效利用、补给据点的建设、水陆两栖部队的扩大增强等进行研讨。

c. 应对弹道导弹攻击及游击队和特种部队。关于应对弹道导弹攻击，建设最小限度的必要体制虽已得到落实，但由于朝鲜弹道导弹发展水平的提升，我国应重新探讨通过提升我国针对弹道导弹攻击的综合应对态势，强化慑止和应对能力。由于无法排除朝鲜在进行弹道导弹攻击的同时进行游击队和特种部队攻击的可能性，因此应探讨如何发展相关能力，以保护自卫队和美军运用基础及核电站等重要设施。

d. 应对网络攻击。各种组织通过网络的连接构成了网络空间。依靠单个组织难以完成应对网络攻击的难题。因此，除政府内部各省厅各司其职之外，有必要探讨强化与美国等友好国家以及民间企业的合作。维护网络空间安全需要高度的专业知识、技术以及专业器材，因此还需要研究如何采取切实的措施培养专家型人才和充实专业性器材。

e. 应对大规模自然灾害。发生大规模自然灾害时，在初期开展迅速的救援活动至关重要。因此，为使部队能够大规模地迅速开展救援活动，须确保必要的运输能力。在充分考虑与相关省厅、美军以及地方团体合作的基础上，应强化救灾演习与训练，并采取万全措施应对今后可能发生的南海海槽大地震和日本首都圈直陷型地震。

（2）强化指挥、控制、通信、情报功能

a. 强化联合作战。由于我国周边安全环境日趋严峻、情报通信和网络技术日益发达的趋势，今后联合作战的重要性不断增强。因此在联合参谋部成立七年之后，从组织、编成等硬件方面以及业务要领和人事等软件方面，对其功能和任务进行重新探讨显得尤为重要。

此外，为进一步提高联合作战的实效性，有必要确保陆、海、空自卫队有效的指挥控制。尤其是陆上自卫队与海、空自卫队不同，没有统管全国部队作战的司令部，因此有必要深入探讨中央指挥部的设置以及该组织与各方面队之间的关系。

指挥、控制、通信是有效开展联合作战的前提。为强化这三方面基础，需完善充实各自卫队之间通信所需的装备，需确保通信基础薄弱的岛屿与外界的通信功能。

b. 强化情报功能。近年来，安全环境有可能因国际的形势改变而在短时间内恶化。在这种形势下，提前觉察各种事态的征兆并迅速开展有效应对就显得极为重要。为此，需要全面强化情报搜集处理体制和情报分析共享体制，包括强化包括驻外防卫官在内的人力情报搜集功能，拓展地理空间等情报的搜集功能、确保并培养进行有效情报分析的高水平人员。保密体制是这一系列强化措施的前提，因此需加强保密工作。

c. 推进太空的利用。应进一步深化针对太空利用的研究，以推动在太空监视方面与美国等国家的合作，有效发挥各类卫星的功能强化指挥、控制、通信、计算机、情报、监视、侦察（C$^4$ISR）。

（3）进一步维护世界安全保障环境的稳定

a. 强化海外活动能力。为了能够持续积极地进行国际和平合作活动，需强化运输能力和通信能力，以便能够在边远地区开展行动；需充实情报搜集、安全确保、后勤补给等各种体制，提高装备的耐操性，为顺利持续地开展行动提供支撑。

随着通过陆路运送侨民等自卫队任务的拓展，需要提升情报搜集、交通运输、信息通信等必要的应对能力。

b. 积极维护海上安全。我国以贸易立国，确保海上安全极为重要。为此，需通过采取万全措施，持续打击海盗等活动，确保海洋秩序和海洋交通安全。

（六）发挥防卫力量能力的基础

为了最大限度地发挥防卫力量的能力，不断研究改进政策措施显得尤为重要。具体政策措施包括：强化演习与训练、充实运用的基础，完善人事教育与卫生勤务体制，维持强化防卫生产与技术基础，加强与地区社会合作，强化信息发布功能等。今后有必要按照以下方向来进行研究。

1. 演习与训练

为了准确、迅速地应对今后有可能发生的事态，自平时起应通过各种演习，不断检验和修改事态处置的各种计划，同时为了提升各自卫队的战术水平，应努力充实和强化训练以及确保更好的训练环境。为提高全国部队的训练水平，要最大限度地利用好北海道等地条件完备的训练环境。

自卫队应通过实施适时有效的训练，展示我国的意志和军事实力，同时还应通过日美共同训练和共同使用设施，显示牢固的日美同盟关系。这些措施有利于提高我国的慑止能力，因此要持续加以推进。

2. 运用基础

迅速部署部队、有效应对各种事态的前提是维持驻地和基地等运用基础的各种支援功能。因此，提高驻地和基地的抢修等抗毁伤能力显得极为重要。对于应对各种事态必需的港湾，应采取必要的疏浚措施，确保护卫舰等能够入港补给。对于民用机场，应进行必要的研究，以实现在事态发生时能尽早转变为作战基地为自卫队所用。鉴于自卫队设施存在老化的现状，应在努力进行切实整修的同时，还应推进必要的营房建设，以便为在发生事态时能够迅速集结兵力，确保快速反应能力。

为持续应对各种事态，应在确保和储备必要弹药的同时，采取万全措施做好装备的维修保养，以提高装备的可出动率，充实和强化装备的运用基础。

3. 人事教育

近年来随着装备的日益先进化和复杂化，以及任务的多样化和国际化，有必要确保培育能够完成这类任务的人才。

应从深化讨论人事政策，保证精锐的观点出发，推行包括改善待遇、礼遇等的人事制度改革。很重要的一点是要根据自卫队、部队、兵种的特性以及人员具备的技能、经验等各种能力，来进行探讨。

今后与人事政策相关的重要课题包括招募和再就业援助政策、扩充预备自卫官政策（包括探讨设立海上自卫队和航空自卫队预备自卫官）等。此外，还要研究退役自卫官技能和经验的有效利用途径、更多女性自卫官的招募等问题。

4. 卫生勤务

为应对各种事态，推进自卫队卫生勤务的现代化和高职能化是必不可少的。为此，要加快针对以下内容的讨论：改善自卫队医院和防卫医科大学等机构的运营机制，扩大看护人员队伍；强化人才培养，加强对军医的教育和防止人才流失；强化参加国际和平合作活动的职能；推进信息化等基础设施建设。还要探讨采取政策措施，将由诊疗收益纳入国库的经费用于医院运营。

为事态发生时最大限度救治受伤自卫官，应探讨修改有关制度，在提高前线救护能力的同时，完善快速后送态势。同时也要探讨推进与相关省厅的协调。

5. 维持和强化防卫生产与技术基础

在近年来严峻的财政状况和因装备高技术化和复杂化所导致的采购单价上涨等背景下，各类装备的采购数量正呈下降趋势。在国际上，全球军事产业的重组在急速进行，海外企业的竞争力不断增强。在这样的情况下，有必要尽早谋求维持和强化极为重要的、潜在防卫力量——防卫生产和技术基础。因此，有必要探讨并推进各种措施，构建政府和民间长期稳定的合作关系，积极推动装备的军转民进程，探究包括强化国际竞争力在内的防卫产业组织的发展方向，强化相关省厅通力合作的产业支援等。与此同时，还应制定关于我国防卫生产和技术基础的整体未来发展战略。

在当今全球范围内装备开发、生产成本高企的情况下，从提高我国防卫产业的技术水平、改善生产效率、强化国际竞争力的观点来看，我国应在英美等国的优势技术领域推进与它们之间的国际共同开发与生产。另外，需要采取必要的措施验证武器输出三原则的运用现状是否与近年来的安全保障环境相适应。

为实现包括研发在内的装备采购的效果和效率，应充分发挥联合项目组的作用，在项目经理领导下实施横向管理体制，强化装备全寿命周期的项目管理；应该研究长效合同所带来的效率，完善相关制度刺激企业降低成本，控制装备全寿命周期成本，进而提高费效比。通过提高采购过程的透明度、合同制度的合理性，实现严格公正地获取装备。

应根据最新的科学技术动向与实际运用环境，致力于面向未来的重点研究的开发，如机器人等无人装备，网络、太空等新兴领域。在强化管理，采取防止技术外流对策的前提下，推进技术开发效果与效率的提升，积极利用民用技术，强化与大学等机构在基础研究上的合作。同时应加强与政策部门的紧密合作，助力防卫力量的发展。

6. 强化与地区社会的合作

自卫队驻地、基地的稳定持续运营，以及自卫队有效应对各种事态，都离不开当地居民对自卫队的理解与支持。因此需要推进各种政策措施，以获得地方公共团体、地方居民对防卫省、自卫队的理解与合作。为促进当地居民的理解、强化在发生大范围自然灾害等紧急事态时与地方公共团体间的联络沟通，应探讨地方组织（地方防卫局、地方合作本部、方面队司令部、地方队司令部等）的运行模式，以实现平日就能与和地方公共团体、相关省厅进行紧密的合作。

在有些地区自卫队的驻扎支持了当地社会的发展，在离岛自卫队救护机提供的急重患者转送支持了地方医疗。鉴于此，在部队改编、部署等方面，有必要寻求地方公共团体的理解。

在实现驻地、基地稳定运营的同时，需要谋求与当地的协调发展，为当地经济做出贡献。为此，应推动实现在当地采购物资，并深化探讨照顾当地中小企业的措施。

7. 强化信息发布

为确保自卫队有效遂行任务时能获得国民的理解和国际社会的支持，应强化宣传活动，努力充实信息发布功能。

（七）与防卫省改革的联动

关于防卫省改革，由今年 2 月另行设置的"防卫省改革研究委员会"负责研究论证。为防止贪腐弊案再次发生，以及推动自卫队功能的积极高效发挥，目前正在探讨防卫省业务与组织的调整与改革，以实现自卫队员的思想革新，文官和自卫官职能的一体化发挥、监察体制强化下的公正高效的采购、联合作战的强化、整体优化的防卫力量建设、对外政策制订功能的强化，以及信息发布功能的充实。

关于防卫力量发展方向的研究，应加强与防卫省改革的联动，继续深入关于修改防卫计划大纲的讨论。

（八）注意事项

获取各种防卫装备及确立自卫队作战体制等事宜绝非朝夕之事，需要经年累月的努力。因此，要基于中长期的视野来推进防卫力量的发展。

一直以来，在《防卫计划大纲》中明确防卫力量的作用、自卫队体制以及基于此的主要装备的发展目标，在《中期防卫力发展计划》中规定五年间为达到大纲的目标要求所需的经费总额与主要装备的发展数量。这种防卫力量发展的规划方式当前依然有效，不仅能够向国内外展示中长期目标与计划，还能够稳定地推进防卫力量的发展。

大纲的附表不仅立足于中长期的视角展示了我国具体防卫力量的发展水准，还确保了我国防卫力量发展的透明性。正因为如此，新大纲应继续保留附表。但是，对于附表中具体显示内容及表述规范，则还需进行探讨，使其切实反映安全保障环境的变化。

现大纲所确定的防卫力量发展的目标期限大致设想到今后十年，出于防卫力量稳定发展的目的，建议新大纲也设定与现大纲相同的期限。同时，有必要根据国际形势的变化适时对防卫力量进行能力评估，不断探讨防卫力量未来的发展态势。

## 三、结语

本报告是根据今年 1 月委员会设立之际防卫大臣的指示，经委员会反复讨论后形成的中期研究成果。还存在一些需要进一步探讨的问题，关于能力评估工作也需要尽快出台结论。为给政府正式讨论防卫计划大纲修改时提供参考，委员会将从自卫队体制的强化、职能作用发挥的角度，继续进行深入研究。

# 防卫力量发展态势研究委员会研讨概要

防卫省

2013 年 10 月

## 一、我国周边的军事与安全保障课题

《2013 年度防卫计划和预算》（2013 年 1 月 25 日内阁会议通过）

① "10 大纲" 制定以来，我国周边的安全环境变得更加严峻。

· 朝鲜发射声称是 "人造卫星" 的导弹

· 中国在我国周边海空域活动的急剧扩大化和活跃化

②美国的新国防战略指针强调要在亚太地区的前沿存在，指明要强化与我国等盟国的合作。

③卫队在 "3·11" 地震救灾活动中，吸取了应对震灾的经验教训。

《防卫力量发展态势研究中期报告》（2013 年 7 月 26 日防卫力量发展态势研究委员会）

●现大纲制定以来，各种安全保障课题和不稳定因素表明化和尖锐化，我国周边的安全保障环境变得更加严峻。

· "灰色区间" 事态的长期化及其转化升级为更严重事态的可能性

· 中国在缺乏透明度的情况下全面快速推进军事力量的现代化，以及海上活动的急剧扩大化和活跃化

· 朝鲜进一步推进核武器和导弹的开发

· 损害利用网络空间稳定使用的可能性增大

●在日本国内，防备大规模自然灾害等的重要性受到重视。

●中国 2013 年度公布的国防费约 7202 亿元人民币（约合 9.4 万亿日元）。

中国国防费持续高位增长，过去 10 年增长约 4 倍，过去 25 年增长约 33 倍。

●国防预算明细不详。实际国防费开支可能约为公布数字的 1.3—2 倍。

## 二、防卫力量的作用

| "10 大纲"规定的防卫力量职能 | 防卫力量发展态势研究中期报告 |
|---|---|
| *1. 有效威慑与应对*<br>○自平时起进行常态不间断的情报搜集、警戒监视和侦察活动（以下简称"常态监视"），确保情报优势<br>○根据各种事态的发展做到迅速、严密应对<br>○为防范正规侵略事态，对不确定的未来局势的变化须保持必要最小限度的防备。<br>须特别重视下列事项：<br>①确保周边海空域的安全<br>②应对针对岛屿的攻击<br>③应对网络攻击<br>④应对游击队或特种部队的攻击等<br>⑤应对弹道导弹攻击<br>⑥应对复合事态<br>⑦应对大规模和特殊灾害等<br>*2. 维护亚太地区安全保障环境更加稳定*<br>○在我国周边，须适时、切实地实施常态监视、训练演习等各种活动<br>○须深化日美同盟关系，综合推进双边和多边的防卫合作与交流，多层次推进联合训练和演习<br>○在非传统安全保障领域，须充分发挥自卫队的能力，推进务实合作<br>○努力构建并加强区内合作框架，为区内各国提供能力援建<br>*3. 改善全球安全保障环境*<br>○须继续积极参加包括和平构建和停战监督在内的国际和平合作活动<br>○积极参与联合国等在军控与裁军、不扩散等领域开展的各项活动，并提供能力援建<br>○要与同盟国等合作，积极推进国际反恐、维护海上交通安全和维持海洋秩序等活动 | ○我国周边安全保障环境发生深刻的变化，关于防卫力量这三个方面作用的表述依然有效。<br><br>○但也需要根据不断变化的安全保障环境不断充实其内容。<br><br>○在对防卫力量进行能力评估的场合，在考虑这三方面作用的同时，还要验证自卫队能否在"应对针对岛屿的攻击""应对弹道导弹攻击"等各种事态时发挥应有的作用。 |

### 三、通过能力评估明确优先发展事项

○我国周边的安全保障环境日趋严峻，安全保障课题呈多样化、复杂化，且交叉重叠。

○在这种形势下，为构筑有效的防卫力量，防卫力量发展方向委员会在重视联合作战的前提下实施针对防卫力量的能力评估。

○具体包括：现有防卫力量在"质"和"量"上能否满足自卫队应有作用的充分发挥；通过想定的各种事态实施能力评估，理清现有防卫力量在功能和能力存在的不完备、不充分的地方。

○基于评估结果，明确优先发展事项。有重点地、灵活地分配有限的资源和预算，从综合性、联合性的立场出发，发展真正有效的防卫力量。

### 四、完善自卫队体制需重视的事项

1. 强化警戒监视能力

●为提高尽早察觉各种事态发生征兆的能力，需要充实各种装备。

●研究无人装备的引进。

应对针对岛屿的攻击

●切实维持海空优势不可或缺。

●确保机动作战能力和水陆两栖作战能力很重要。

●研究部队和装备的部署配置、综合运输能力的充实与强化、民间运输能力的有效利用、水陆两栖部队的扩大与增强、后勤支援能力的提升。

2. 应对弹道导弹攻击以及游击队和特种部队攻击

●通过提升我国针对弹道导弹攻击的综合应对态势，强化遏制力和应对能力。

●应探讨在同时发生游击队和特种部队攻击的情况下，如何发展相关能力，以保护自卫队和美军运用基础及核电站等重要设施。

3. 应对网络攻击

●依靠单个组织难以完成应对网络攻击的难题。因此，除政府内部各省厅各司其职之外，有必要探讨强化与美国等友好国家以及民间企业的合作。还需要研究如何采取切实的措施培养专家型人才和充实专业性器材。

4. 应对大规模灾害

●为使部队能够大规模地迅速开展救援活动，须确保必要的运输能力。同时，应强化救灾演习与训练，并采取万全措施应对今后可能发生的南海海槽大地震和日本首都圈直陷型地震。

5. 强化联合作战

●基于联合作战的重要性，对联合参谋部的功能和作用进行重新探讨。

●探讨陆上自卫队中央指挥部的设置以及该组织与各方面队之间的关系。

●探讨强化联合通信能力，包括情报共享、数据链等。

6. 强化情报功能

●研究强化包括驻外防卫官在内的人力情报搜集功能，拓展地理空间等情报的搜集功能，确保并培养进行有效情报分析的高水平人员，以及引进无人机。

7. 推进太空的利用

●深化针对太空利用的研究，以推动在太空监视方面与美国等国家的合作，有效发挥各类卫星的功能，强化指挥、控制、通信、计算机、情报、监视、侦察（$C^4ISR$）。

8. 强化海外活动能力

●探讨需强化运输能力和通信能力，充实专业人才培养、情报搜集、安全确保、后勤补给等各种体制，提高装备的耐操性。

9. 积极维护海上安全

●通过采取万全措施，持续打击海盗等活动，确保海洋秩序和海洋交通安全。

# 参考资料

## 一、"大纲"与"中期防"的定位

○获取各种防卫装备及确立自卫队作战体制等事宜绝非朝夕之事，需要经年累月的努力。因此，要基于中长期的视野来推进防卫力量的发展。

○为此，政府制定了《1977 年度以后防卫计划大纲》（"大纲"），明确了我国安全保障的基本政策和防卫力量发展目标。1985 年以前一直在不超过国民生产总值（GNP）1% 的框架下发展各年度防卫力量，1986 年以后在为期 5 年的《中期防卫力量发展计划》（"中期防"）的框架下发展各年度防卫力量。

○大纲和中期防都需要经过安全保障会议和内阁会议的审议通过。

## 二、"大纲""中期防"与年度预算的关系

| 防卫计划大纲 | 规定防卫力量的发展方向和防卫力量的发展水准呈现防卫力量需要达到的水准 |

| 中期防卫力量发展计划 | 明确 5 年经费总额（上限）和主要装备的发展数量为预算、明确具体项目 |

| 年度预算 | 根据形势在精算的基础，列出各年度需要的经费 |

## 三、防卫计划大纲的变迁

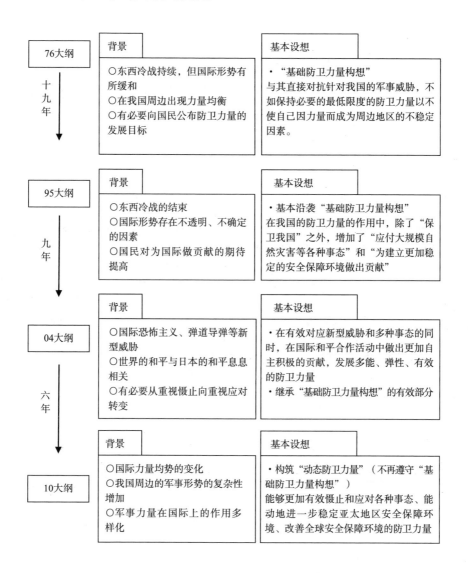

**76大纲**

十九年

**背景**
○东西冷战持续，但国际形势有所缓和
○在我国周边出现力量均衡
○有必要向国民公布防卫力量的发展目标

**基本设想**
· "基础防卫力量构想"
与其直接对抗针对我国的军事威胁，不如保持必要的最低限度的防卫力量以不使自己因为力量而成为周边地区的不稳定因素。

**95大纲**

九年

**背景**
○东西冷战的结束
○国际形势存在不透明、不确定的因素
○国民对为国际做贡献的期待提高

**基本设想**
· 基本沿袭"基础防卫力量构想"
在我国的防卫力量的作用中，除了"保卫我国"之外，增加了"应付大规模自然灾害等各种事态"和"为建立更加稳定的安全保障环境做出贡献"

**04大纲**

六年

**背景**
○国际恐怖主义、弹道导弹等新型威胁
○世界的和平与日本的和平息息相关
○有必要从重视慑止向重视应对转变

**基本设想**
· 在有效对应新型威胁和多种事态的同时，在国际和平合作活动中做出更加自主积极的贡献，发展多能、弹性、有效的防卫力量
· 继承"基础防卫力量构想"的有效部分

**10大纲**

**背景**
○国际力量均势的变化
○我国周边的军事形势的复杂性增加
○军事力量在国际上的作用多样化

**基本设想**
· 构筑"动态防卫力量"（不再遵守"基础防卫力量构想"）
能够更加有效慑止和应对各种事态、能动地进一步稳定亚太地区安全保障环境、改善全球安全保障环境的防卫力量

## 四、防卫计划大纲的构成（76 大纲、95 大纲、04 大纲、10 大纲）

| 76 大纲<br>（1976 年 10 月 29 日） | 95 大纲<br>（1995 年 11 月 28 日） | 04 大纲<br>（2004 年 12 月 10 日） | 10 大纲<br>（2010 年 12 月 17 日） |
|---|---|---|---|
| 一、目的及宗旨<br>二、国际形势<br>三、防卫构想<br>1. 防止侵略于未然<br>2. 抗击侵略的对策<br>四、防卫态势<br>1. 警戒态势<br>2. 对付间接侵略和诉诸武力的不法行为等的态势<br>3. 对付直接侵略事态的态势<br>4. 指挥通信及后勤支援态势<br>5. 教育训练态势<br>6. 前线救灾等态势<br>五、陆海空自卫队的体制<br>1. 陆上自卫队<br>2. 海上自卫队<br>3. 航空自卫队<br>六、发展防卫力量的具体方针和注意事项<br>1. 兵员的满员率与质量的确保、高昂的士气<br>2. 防卫设施的保持和维护<br>3. 武器装备的发展<br>4. 加强技术研究开发 | 一、制定的宗旨<br>二、国际形势<br>三、我国的安全保障和防卫力量的作用<br>1. 我国的安全保障和防卫的基本方针<br>2. 防卫力量的发展方向<br>3. 日美安保体制<br>4. 防卫力量的作用<br>（1）保卫我国<br>（2）应付大规模自然灾害等各种事态<br>（3）为建立更加稳定的安全保障环境做出贡献<br>四、我国应拥有的防卫力量的内容<br>1. 陆海空自卫队的体制<br>（1）陆上自卫队<br>（2）海上自卫队<br>（3）航空自卫队<br>2. 各种态势<br>（1）应付侵略等的态势<br>（2）抢险救灾等的态势<br>（3）实施国际和平合作等业务的态势 | 一、制定的宗旨<br>二、我国所处的安全保障环境<br>三、我国安全保障的基本方针<br>1. 基本方针<br>2. 我国自身的努力<br>（1）基本考虑<br>（2）国家的综合对策<br>（3）我国的防卫力量<br>3. 日本安保体制<br>4. 与国际社会的合作<br>四、防卫力量的发展方向<br>1. 防卫力量的作用<br>（1）有效应付"新型威胁和多种事态"<br>（2）防备正规侵略事态<br>（3）自主、积极地致力于改善国际安全保障环境<br>2. 防卫力量的基本发展事项<br>（1）强化联合作战<br>（2）强化情报功能<br>（3）适应科学技术的发展<br>（4）有效利用人力资源 | 一、制定的宗旨<br>二、我国安全保障的基本理念<br>三、我国所处的安全保障环境<br>四、我国安全保障的基本方针<br>1. 我国自身的努力<br>（1）基本考虑<br>（2）综合性、战略性对策<br>（3）我国的防卫力量——机动防卫力量<br>2. 与同盟国的合作<br>3. 国际社会的多层次安全保障合作<br>（1）亚太地区的合作<br>（2）作为国际社会一员的合作<br>五、防卫力量的发展方向<br>1. 防卫力量的作用<br>（1）有效威慑与应对<br>（2）维护亚太地区安全保障环境更加稳定<br>（3）改善全球安全保障环境<br>2. 自卫队的态势<br>（1）快反态势<br>（2）联合运用态势 |

续表

| 76 大纲<br>（1976 年 10 月 29 日） | 95 大纲<br>（1995 年 11 月 28 日） | 04 大纲<br>（2004 年 12 月 10 日） | 10 大纲<br>（2010 年 12 月 17 日） |
|---|---|---|---|
|  | （4）警戒、情报和指挥通信的态势<br>（5）后勤支援的态势<br>（6）人事和教育训练态势<br>3. 确保防卫力量的弹性<br>五、防卫力量的发展、维持和运用上须注意的事项<br>1. 具体实施时的注意事项<br>（1）留意经济财政等情况<br>（2）防卫装备的保持和维护<br>（3）装备的发展<br>（4）技术研究开发态势<br>2. 今后的修改 | 五、注意事项<br>1.（考虑财政状况）<br>（装备的获取）<br>（防卫设施的保持和维护）<br>2. 防卫力量目标实现的期限和今后的修改 | （3）国际和平合作活动态势<br>3. 自卫队的体制<br>（1）基本考虑<br>（2）体制建设中须重视的事项<br>（3）各自卫队的体制<br>六、确保防卫力量能力发挥的基础<br>1. 有效利用人力资源<br>2. 充实装备运用基础<br>3. 装备采购的高效化<br>4. 维持并培育防卫生产与技术基础<br>5. 研讨防卫装备适应国际环境变化的对策<br>6. 与防卫设施及周边地区的协调<br>七、注意事项 |

## 五、防卫力量职能的变化

| 76 大纲 | 95 大纲 | 04 大纲 | 10 大纲 |
|---|---|---|---|
| 抢险救灾等 | 为更加稳定的安全保障环境 做出贡献<br>——PKO、国际紧急救助活动<br>——开展安全对话和国际交流等 | 自主、积极地致力于改善国际安全保障环境<br>——国际和平合作活动的本体任务化<br>——开展安全对话和国际交流等 | 改善全球安全保障环境<br>——致力于国际和平合作活动<br>——军控与裁军、能力援建 |

| 76 大纲 | 95 大纲 | 04 大纲 | 10 大纲 |
|---|---|---|---|
| | 应对大规模自然灾害等各种事态<br>——大规模自然灾害、恐怖活动<br>——周边事态 | 有效应付"新型威胁和多种事态"<br>——弹道导弹攻击<br>——游击队和特种部队等<br>——岛屿攻击<br>——情侦监、侵犯领空、武装特船等 | 维护更加安全稳定的亚太地区安保环境<br>——防卫交流、区域内合作<br>——能力援建<br>有效慑止与应对<br>——确保周边海空域的安全<br>——岛屿攻击<br>——网络攻击<br>——游击队和特种部队<br>——弹道导弹<br>——复合事态<br>——大规模和特种自然灾害等 |
| 防止侵略于未然、抗击侵略<br>(独立应对有限的小规模侵略) | 保卫我国<br>防止侵略于未然、抗击侵略 | 防范正规侵略事态<br>(确保最基础的防卫力量) | 防范正规侵略事态<br>(确保必要的最小限度的防卫力量，以应对未来不确定的形势变化) |

## 六、防卫力量发展计划的变迁（截至 2013 年）

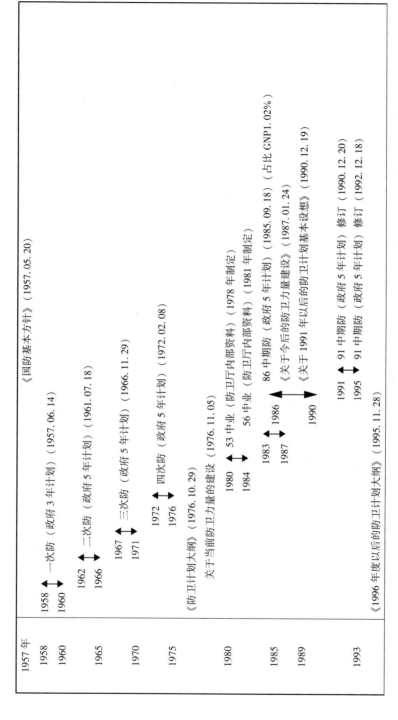

续表

| 年份 | 内容 |
|---|---|
| 1957 年 | 《国防基本方针》(1957.05.20) |
| 1998 | 1996 96 中期防（政府 5 年计划）(1995.12.15)<br>2000 96 中期防（政府 5 年计划）修订 (1997.12.19) |
| 2003 | 2001 01 中期防（政府 5 年计划）(2000.12.15)<br>2004 《关于发展反弹道导弹系统等》(2003.12.19)<br>《2005 年度以后的防卫计划大纲》(2004.12.10) |
| 2008 | 2005 05 中期防（政府 5 年计划）(2004.12.10)<br>2009 05 中期防（政府 5 年计划）修订 (2008.12.20)<br>2010 《关于 2010 年度的防卫力建设》(2009.12.17)<br>《2011 年度以后的防卫计划大纲》(2010.12.17) |
| 2013 | 2011 11 中期防（政府 5 年计划）(2010.12.17)<br>2012<br>2013 《关于 2013 年度的防卫力量建设》(2013.01.25) |

**防卫计划大纲附表**

| 区分 | | | 76大纲 | 95大纲 | 04大纲 | 10大纲 |
|---|---|---|---|---|---|---|
| 陆上自卫队 | 编制员额 | | 18万人 | 16万人 | 15.5万人 | 15.4万人 |
| | 常备自卫官员额 | | | 14.5万人 | 14.8万人 | 14.7万人 |
| | 应急预备役员额 | | | 1.5万人 | 0.7万人 | 0.7万人 |
| | 基干部队 | 平时固定部署的部队 | 12个步兵师<br>2个混成旅 | 8个师<br>6个旅 | 8个师<br>6个旅 | 8个师<br>6个旅 |
| | | 机动部队 | 1个坦克师<br>1个炮兵旅<br>1个空降旅<br>1个教导旅<br>1个直升机旅 | 1个装甲师<br>1个空降旅<br>1个直升机旅 | 1个装甲师<br>中央快速反应集团 | 中央快速反应集团<br>1个装甲师 |
| | | 低空防空导弹部队 | 8个"霍克"防空导弹群 | 8个地空导弹群 | 8个地空导弹群 | 7个地空导弹群/团 |
| | 主要装备 | 坦克 | （注3）约1200辆 | 约900辆 | 约600辆 | 约400辆 |
| | | 主要炮兵装备 | （注3）约1000门/辆 | 约900门/辆 | 约600门/辆 | 约400门/辆 |
| 海上自卫队 | 基干部队 | 护卫舰部队（机动部队） | 4个护卫队群 | 4个护卫队群 | 4个护卫队群（8个护卫队） | 4个护卫队群（8个护卫队） |
| | | 地方队 | 10个队 | 7个队 | 5个队 | 4个护卫队 |
| | | 潜艇部队 | 6个队 | 6个队 | 4个队 | 6个队 |
| | | 扫雷部队 | 2个扫雷队群 | 1个扫雷队群 | 1个扫雷队群 | 1个扫雷队群 |
| | | 岸基反潜飞机部队 | (陆上)16个队 | (陆上)13个队 | 9个队 | 9个航空队 |
| | 主要装备 | 护卫舰 | 约60艘 | 约50艘 | 47艘 | 48艘 |
| | | 潜艇 | 16艘 | 16艘 | 16艘 | 22艘 |
| | | 作战飞机 | 约220架 | 约170架 | 约150架 | 约150架 |

续表

| 区分 | | | 76大纲 | 95大纲 | 04大纲 | 10大纲 |
|---|---|---|---|---|---|---|
| 航空自卫队 | 基干部队 | 航空警戒管制部队 | 28个警戒群 | 8个警戒群<br>20个警戒队 | 8个警戒群<br>20个警戒队<br>1个警戒航空队（2个飞行队） | 4个警戒群<br>24个警戒队<br>1个警戒航空队（2个飞行队） |
| | | 战斗机部队（歼击机部队） | 10个飞行队 | 9个飞行队 | 12个飞行队 | 12个飞行队 |
| | | 强击机部队 | 3个飞行队 | 3个飞行队 | | |
| | | 航空侦察部队 | 1个飞行队 | 1个飞行队 | 1个飞行队 | 1个飞行队 |
| | | 航空运输部队 | 3个飞行队 | 3个飞行队 | 3个飞行队 | 3个飞行队 |
| | | 空中加油和运输部队 | | | 1个飞行队 | 1个飞行队 |
| | | 高空防空导弹部队 | 6个"奈基"防空导弹 | 6个防空导弹群 | 6个防空导弹群 | 6个防空导弹群 |
| | 主要装备 | 作战飞机 | 约430架<br>（注3）（约350架） | 约400架<br>约300架 | 约350架<br>约260架 | 约340架<br>约260架 |
| | | "宙斯盾"驱逐舰 | | | 4艘 | （注2）4艘 |
| | 亦可用于弹道导弹防御的主要装备与基干部队（注1） | 航空警戒管制部队 | | | 7个警戒群<br>4个警戒队 | 11个警戒群/队 |
| | | 地空导弹部队 | | | 3个防空导弹群 | 6个防空导弹群 |

注1："亦可用于弹道导弹防御"已列入海上自卫队主要装备或航空自卫队主要装备或航空自卫队基干部队的实力之内。

注2：关于具备弹道导弹防御能力的搭载有"宙斯盾"系统的驱逐舰，基于弹道导弹防御相关技术的发展和财政状况等，如需另行规定，可在上述驱逐舰范围内，予以追加建设。

注3：在76大纲附表中原本没有记载，为与95大纲以后附表中的相关内容进行比较而补注。

## 七、防卫大纲的修改

《2013 年度日本防卫计划和预算》（2013 年 1 月 25 日安全保障会议及内阁会议通过）

①"10 大纲"制定以来，我国周边的安全环境变得更加严峻。

·朝鲜发射声称是"人造卫星"的导弹

·中国在我国周边海空域的活动急剧扩大化和活跃化

②美国的新国防战略指针强调要在亚太地区的前沿存在，指明要强化与我国等盟国的合作。

③自卫队在"3·11"地震救灾活动中，吸取了应对震灾的经验教训。

○基于这种变化，为进一步强化日美同盟，并根据时局变化强化我国的防卫态势，政府决定在 2013 年年内修改现大纲，以高效发展有效的防卫力量，使自卫队能够发挥应有的作用。

○"11 中期防"随即废止，关于今后的中期防卫力量发展计划和现大纲的修改一并讨论。

## 八、防卫省内关于防卫力量发展态势的研究

（一）防卫省内研究体制

○内阁通过修改防卫大纲的决议后，防卫省召开防卫会议，立即开始关于防卫力量发展方向的研究。

○为进行专业的、周详的研究，设置了以防卫副大臣为委员长的"防卫力量发展态势研究委员会"，从各个角度就未来的防卫力量的发展方向做了研究，并报告防卫会议（※1 月 25 日召开防卫会议和第一次研究委员会）。

○在研究过程中，为了检验防卫力量在"质"和"量"上是否充分，从联合作战的角度对防卫力量进行能力评估。

○研究结果既要反映在政府层面的讨论中，也要用于推动自卫队的体制强化。

（二）防卫省内研究体制的具体构成

**防卫会议：**

应防卫大臣的要求审议基本方针的机构

议长：防卫大臣

委员：防卫副大臣、防卫大臣政务官、事务次官、各局局长、各参谋部参谋长、情报本部部长

指示⇩ ⇧报告

**防卫力量发展态势研究委员会：**

就防卫力量的发展方向进行广泛讨论，助力防卫会议讨论研究的专门委员会

委员长：防卫副大臣

委员：防卫大臣政务官、事务次官、各局局长、各参谋部参谋长、情报本部部长、相关审议官

指示⇩ ⇧报告

**能力评估工作小组：**

推进防卫力量发展的能力评估小组（人员构成：内部部局及各参谋部等的科长级人员）

## 九、防卫力量发展态势研究委员会的会议召开纪录

| 序号 | 召开日期 | 议题 |
|---|---|---|
| 1 | 2013.01.25 | 发展态势研究的推进进度 |
| 2 | 2013.01.31 | 既往大纲的概要、现大纲的要点等 |
| 3 | 2013.02.07 | 国际形势等 |
| 4 | 2013.02.15 | 防卫力量的作用和能力评估等 |
| 5 | 2013.02.21 | 美国的安全保障政策/日美同盟等 |
| 6 | 2013.03.04 | 防卫大纲、中期防的意义等 |
| 7 | 2013.03.07 | 自卫队的运用现状和课题等 |
| 8 | 2013.03.18 | 信息通信（网络）等 |
| 9 | 2013.03.21 | 改善国际环境等 |
| 10 | 2013.04.03 | 我国所处的国际环境和国内形势 |
| 11 | 2013.04.15 | 太空政策、无人航空器、BMD 能力强的方向性等 |
| 12 | 2013.04.19 | 装备政策、研究开发等 |
| 13 | 2013.04.24 | 信息（情报）等 |
| 14 | 2013.05.13 | 人事教育、卫勤政策等 |
| 15 | 2013.05.15 | 防卫力量的作用和能力评估等 |
| 16 | 2013.05.27 | 联合作战体制的方向性等 |
| 17 | 2013.06.05 | 陆上自卫队体制的方向性等 |
| 18 | 2013.06.06 | 海上自卫队体制的方向性等 |
| 19 | 2013.06.11 | 航空自卫队体制的方向性等 |
| 20 | 2013.06.18 | 横跨三自卫队的课题等 |
| 21 | 2013.07.03 | 要点整理 |
| 22 | 2013.07.26 | 中期报告 |
| 23 | 2013.09.26 | 横跨三自卫队的课题等 |

【参考】防卫力量发展态势研究委员会成员
委员长：防卫副大臣　代委员长：防卫大臣政务官　副委员长：事务次官
委员：大臣官房长官、各局局长、各参谋部参谋长、情报本部部长等

# 安全保障与防卫力量恳谈会观点综述

## ——国家安全战略构想

### 一、制定宗旨

在我国的安全环境日益严峻的情况下，为持续发展我国富饶和平的社会，应从长远视角审视我国的国家利益，举全政府之力，确定我国在国际社会中的发展方向和国家安全方略。

国家安全相关领域政策的指导方针。

在国家安全保障会议的统一指挥下，发挥政府的强有力领导，举全体之力，进一步从战略和全局的高度推进国家安全政策。

本战略的内容大致设想到今后十年。在各项政策推进过程中，国家安全保障会议将不断进行研讨，适时适当地予以完善。

### 二、国家安全基本理念

（一）我国奉行的理念

我国拥有灿烂的文化和传统，崇尚自由、民主、尊重基本人权和法治等普世价值，是拥有强大经济实力和高度技术实力的经济大国。

我国坚持走战后一贯的和平国家的发展道路，以美日同盟为轴心，为实现我国及周边地区的和平与安全、世界的和平与稳定做出更大贡献。

基于"人的安全"理念，积极参与政府开发援助（ODA）和全球规模性议题，为实现亚太地区以及国际社会的和平、稳定与繁荣做出贡献。

立足于我国的国际社会地位，作为和平国家，从国际合作的积极和平主义立场出发，今后要为确保世界和平、稳定与繁荣做出较之以往更加积极的贡献。

（二）我国的国家利益与国家安全目标

**国家利益**

要维护我国自身的主权与独立，保卫领土完整，确保国民的生命、人身与财产安全，维护我国的和平与安全，确保国家的生存与发展。

要实现我国进一步繁荣富裕，为此，必须强化自由贸易体制，创建稳定、透明、前景明朗的国际环境。

维护并促进以自由、民主、尊重基本人权和法治等普世价值观与规则的国际秩序。

**国家安全目标**

为确保我国安全要强化必要的威慑力量，万一直接侵害危及我国，要消除威胁，并将损害减至最低。

通过强化日美同盟与推进实质性安全合作，改善亚太地区安全环境，预防针对我国的直接威胁。

通过强化基于普世价值与规则的国际秩序，改善全球安全环境，构筑和平繁荣的国际社会。

## 三、我国周边安全环境与国家安全议题

（一）全球化安全环境与议题

1. 力量平衡的变化与技术革新的迅速发展

新兴国家的崛起改变了国家之间的力量平衡，极大影响了国际社会的统治结构。

技术革新的迅速发展与全球化进程，导致非国家行为体的相对影响力增大。

2. 大规模杀伤性武器扩散的威胁

核导弹问题及大规模杀伤性武器、弹道导弹等的转移、扩散、改进等

相关问题，我国与国际社会面临巨大威胁。

3. 国际恐怖主义的威胁

随着全球化进程的推进，国际恐怖主义活动正在扩散并日益多样化。

我国及国民在国内外正直接面临着国际恐怖主义的威胁。

4. 全球公域的相关风险

在海洋方面，近年来，从确保资源与保障本国安全的角度出发，试图以实力单方面改变现状的动向正在增加。

这些动向与海盗等问题，加大了对海上航线安全与航行自由的威胁。

太空垃圾增加与人造卫星碰撞可能性升高等，存在稳定利用太空的风险。

对利用网络空间毫无防备的依赖以及网络攻击增加了对国家安全的威胁。

5. 威胁"人的安全"相关议题

贫困、传染病等保健议题、气候变化问题、内战与灾害等人道主义危机等，这些仅靠一个国家无法解决的全球性议题，作为威胁个人生存与尊严的问题，其重要性与紧迫性逐渐提高。

上述问题可能会影响国际社会的和平与稳定。

6. 面临风险的全球经济

一国的经济危机扩散到整个世界经济的风险正在增加。

存在的问题包括资源产出国的资源民族主义的抬头，新兴国家对能源和矿产资源需求竞争的激化等风险等。

（二）亚太地区的安全环境与议题

1. 东北亚战略环境的特点

大规模军事力量的集中，区域性集体防卫或危机管理机制的缺失等。

2. 中国相对影响力的增强

3. 朝鲜军事力量的增强与挑衅行为

## 四、我国应采取的国家安全战略举措

（一）安全领域中我国自身的作用与能力的拓展与强化

为创造稳定的国际环境而强化外交力量

⇒强化外交体制，实现理想的国际秩序与安全环境

构建保卫国家的综合防卫体制

⇒发展防卫力量，促进相关机构的合作，切实应对所有事态，等

强化保卫领土措施

⇒强化警戒监视能力，等

确保海洋安全

⇒推进作为海洋国家的举措，构建自由开放的海洋秩序，等

强化国际反恐对策

⇒彻底落实国内的对策，并确保世界各地从事活动的日侨的安全，等

强化情报职能

⇒通过强化体制与培养情报专家，从根本上强化情报搜集与分析能力，等

防卫装备与技术合作

⇒重新审视武器出口三原则等的必要性及其方向性

推进安全领域的太空开发利用

⇒扩充、强化各种卫星的功能，等

强化网络安全

⇒强化政府体制，并推进在各种领域的官民合作，等

强化科技实力

⇒联合产、官、学，将科学技术有效利用在安全领域，等

（二）强化日美同盟

进一步强化日美在广泛领域的安全与防卫合作

⇒密切开展从事态处置到中长期战略等政策调整，提高威慑力与应对能力

确保美军稳定存在

⇒根据日美达成的共识，切实实施驻日美军整编

（三）为维护太平洋地区及国际社会的稳定，加强外交与安全保障战略

与我国拥有共同的普世价值观（自由、民主、尊重女性权利等基本人权、法治）和战略利益的国家，强化与其的合作关系，等

（四）积极为国际社会的和平与稳定做出国际性努力

强化联合国外交

⇒为联合国维持和恢复国际社会和平与安全的努力做出积极的贡献

强化法治

⇒为确立国际社会中的法治，从构想阶段开始便积极参与各种国际规则的制定，等

在国际裁军和防扩散方面发挥主导作用

⇒为废除核武器做出积极努力，在国际裁军和防扩散方面发挥主导作用，等

推进国际和平合作

⇒更加积极参与联合国维和行动，等

推进国际反恐合作

⇒与各国协商、交换意见，强化国际法律架构，等

（五）通过与拥有共同价值观国家联合，扩大全球性合作

推广普世价值观（自由、民主、尊重女性权利等基本人权、法治）

⇒着重开展与拥有共同普世价值观国家的外交

应对全球性议题，实现"人的安全"

⇒为实现千禧年发展目标而努力，在制定新的国际开发目标方面发挥主导作用，等

协助发展中国家培养人才

⇒吸引发展中国家的学生，等

强化自由贸易体制

⇒推进经济合作，等

应对能源和环境问题

⇒为确保能源等资源的稳定供给，有效运用各种外交手段，等

（六）强化支撑国家安全的国内基础，促进国内外的理解

维持与强化防卫产业与技术基础

⇒强化我国防卫产业的国际竞争力，等

强化信息发布

⇒我国安全政策的思想要得到国民的理解，并且要促进与各国的相互信任，等

强化社会基础

⇒培养国际合作精神与开放形态的爱国之心，等

强化知识基础

⇒拓展高等教育机构的安全教育，等

# 《防卫省设置法》修订案

## 《防卫省设置法》修订

第一条　防卫省设置法（1955 年第 164 号法令）的部分内容修订如下。

将第六条中的"150863 人"修订为"150856 人"，"45364 人"修订为"45366"，"46940 人"修订为"46942 人"，"1253 人"修订为"1259 人"。

## 《自卫队法》修订

第二条　自卫队法（1955 年第 165 号法令）的部分内容修订如下。

第十条第一款中的"方面队、中央快反集团"修订为"陆上总队、方面队"；新增第二款："陆上总队由陆上总队司令部、旅、团以及其他直辖部队构成"；原第二款改为为第三款，原第三款改为为第四款，原第四款改为第五款，删除原第五款。

第十条后增加如下内容：

（陆上总队司令）

第十条之二

（一）陆上总队由陆上总队司令负责。

（二）陆上总队司令受防卫大臣指挥监督，统筹指挥陆上总队。

（三）如果出现第六章所列情形，需要统筹调度陆上自卫队时，防卫大臣有权将全部或部分方面队的指挥权交给陆上总队司令。

删除第十二条之三。

第十三条中的"方面队、师、旅以及中央快反集团"修订为"陆上总队、方面队、师以及旅"。

删除第二十条第二款的"、航空混成团"和该条第四款，第五款递补至第四款，第六款到第八款依次向前递补。

删除第二十条之七。

删除第二十八条之八第二款中的"、隶属航空混成团的航空团司令是航空混成团司令的"表述，并将其调整为第二十条之七。

删除第二十条之九中的"、航空混成团"，并将其调整为第二十条之八。

第二十一条第一款中，将"、航空混成团以及航空团"修订为"以及航空团"，删除"、航空混成团司令部"这一表述。

第二十一条之二第一款中的"方面队、中央快反集团"修订为"陆上总队、方面队"。

第二十四条第二款中，将"研究本部"修订为"教育训练研究本部"。

第二十五条第一款，在"事项"之后增加"以及在第二十七条之二第一款第二项规定的事项"，在"同时"之后增加"陆上自卫队或者"，在"调查研究"之后增加"（除第二十七条之二第一款第三项所规定的内容外）"，同时将本条第七款调整为第八款，在第六款之后插入第七款，内容如下：

（七）陆上自卫队学校校长在掌管学校事务时，需服从教育训练研究本部长的指挥。

第二十七条之二修订如下：

（教育训练研究本部）

第二十七条之二

（一）教育训练研究本部主要负责以下事务：

1. 负责计划、综合调整、统筹陆上自卫队第二十五条第一项所规定的事务。

2. 教育训练的目标是培养陆上自卫队高级指挥官或高级参谋，使之掌握能够胜任本职工作的知识技能。

3. 调查研究陆上自卫队大部队的使用情况。

（二）除前项第二号所规定的事项外，根据第一百条第二款的规定，教育训练研究本部还负责培训防卫大臣受托培训的外国人以及相关技术人员，使之掌握该号所提及的同种知识技能。

（三）教育训练研究本部设教育训练研究本部长，由自卫官担任。

（四）教育训练研究本部长在防卫大臣规定的范围内，掌管本部事务。

将第二十八条中"研究本部长"修订为"教育训练研究本部长"，在"关于"后面新增"陆上总队司令"这一表述。

在第七十三条后新增以下内容：

（向预备自卫官雇佣者提供的信息）

第七十三条之二 防卫大臣或其委托人在预备自卫官雇主的请求下，经预备自卫官本人同意，可以向其提供防卫省命令规定范围内的信息。自卫官包括根据第七十条第一项各号规定而接受召集命令，并根据该条第三项规定而成为自卫官的人员。所提供信息包括该预备自卫官训练召集的预定期限，以及其他职务信息，以确保雇主的理解与合作。所提供信息不能妨碍自卫队的任务执行。

将第七十五条之八中的"和第七十五条之五"之后增加"第七十三之二中的'第七十条第一款各项'等同于"第七十五条之四第一款各项"。

将第八十四条之五第一款第三项及第二款第四项中"或者澳大利亚"修订为"、澳大利亚或者英国"。

在第一百条之二第一款中"的学校"之后增加"或者教育训练研究本部"。

将第一百条之八第一款第一项中的"从第三项到第六项"修订为"下一项以及第四项到第九项"，本项第六项改为第九项，第五项改为第八项，第四项改为第六项，本项下新增一项，内容如下：

7. 自卫队的部队通过船舶或者飞机收集外国军队的动向或其他我国防卫需要的情报时，与该部队一同在该现场进行同样活动的澳大利亚军队。

删除第一百条之八第一款第三项中"作为……运输"，将"这些的"修订为"该保护措施以及该"，本项变为该款第五项，该款第二项变为第三项，其下新增一项，内容如下：

4. 自卫队部队在排除及处理第八十四条第二款所规定的水雷及其他爆炸物的行动中，同该部队一同位于现场进行同样活动的澳大利亚军队。

在第一百条之八第一款第一项之后新增一项，内容如下：

2. 自卫队部队在执行第八十二条第二款中规定的打击海盗的行动时，同该部队一同位于现场进行同一打击海盗行为的澳大利亚军队。

第一百条之八第三款第二项中，将"第六项"改为"第九项"，删除第四款中"（包含弹药）"。

第一百条之九后增加如下内容：

（向英国军队提供物资或劳务）

第一百条之十

（一）防卫大臣或其委托者收到如下所列的英国军队的请求时，在不妨碍自卫队遂行任务的限度内，可以向其提供物资支援。

1. 在自卫队和英国军队双方参与的训练活动中，正在训练的英国军队。（不包括《重要影响事态法》第三条第一款第一项中规定的联合国军中的英国军队、《武力攻击及存亡危机事态法》第二条第七款中所规定的外国军队中的英国军队，以及《国际和平支援法案》第三条第一款第一项中规定的外国军队中的英国军队。第二项以及第四到第九项同本项）。

2. 自卫队部队在进行第八十二条第二款中所列的打击海盗行动时，与该部队在同一现场对同一海盗组织进行同种打击行动的英国军队。

3. 在发生自然灾害时基于政府请求而遂行灾害应急活动的，与根据第八十三条第二款或者第八十三条之三规定派遣的自卫队在同一现场的英国军队。

4. 自卫队在进行第八十四条之二规定的排除及处理水雷或其他爆炸性危险品时，与该部队在同一现场执行同种任务的英国军队。

5. 自卫队在执行第八十四条之三第一款中规定的海外紧急事态下的保护措施，或者在执行第八十四条之四第一款中规定的海外紧急事态下的日籍人员运送任务时，与该部队在同一现场执行同种保护措施或同一运送任务的英国军队。

6. 自卫队在执行第八十四条之五第二款第三项规定的国际紧急支援行动或运送执行该任务的人员或该活动所需物资时，在同一现场应对同一灾害进行同种活动的英国军队。

7. 自卫队通过船舶、飞机执行搜集他国情报任务时，在同一现场执行同种任务的英国军队。

8. 为了进行联络协调以及其他日常活动（训练除外，下同），需要乘坐航空器、船舶或车辆到达日本本土自卫队驻地并短暂停留的英国军队。

9. 在联络协调以及日常行动中，当自卫队乘坐航空器、船舶或车辆到达英国本土的英军驻地并短暂停留时，在同一现场进行联络协调及日常行动的英国军队。

（二）防卫大臣在接到前项各项所列英国军队的请求时，在不妨碍自卫队遂行任务的限度内，可以要求防卫省各部门或部队向该英国军队提供劳务支援。

（三）根据前面两款的规定，向英国军队提供自卫队物资，或提供防卫省各部门或部队劳务时，依照以下规定区别进行。

1. 对符合第一款第一项规定的英国军队，可以提供补给、运送、维修

保养、医疗、通信、机场或港口相关业务、基地相关业务、驻营、保管、设施的使用和训练相关业务。(包含此类业务的附带业务)

2. 对第一款第二项到第九项规定的英国军队，可以提供补给、运送、维修保养、医疗、通信、机场或港口相关业务、基地相关业务、驻营、保管、设施的使用业务。(包含此类业务的附带业务)

(四) 第一款中规定的可以提供的物资中不包含武器。

(为英国军队提供物资或劳务时需要履行的手续)

第一百条之十一 根据本法或其他法律规定，防卫大臣或其委任者向英国军队提供自卫队物资或防卫省各部门或部队的劳务时，其结算和手续，除法律另行规定的事项外，依照日英两国签署的《日本自卫队和大不列颠及北爱尔兰联合王国相互提供物资与劳务协定》实施。

第一百零九条第二款中的"海上自卫队使用的船舶"改为"陆上自卫队使用的船舶或海上自卫队使用的船舶"，在"其他情况下"之后增加"陆上自卫队或者"，该款改为本条第三款，删除本条第一款中的"(1933年法律第11号)"以及"(2001年法律第102号)"，将"本章中"改为"在这一章"，该款改为本条第二款，增加以下内容作为本条第一款。

《船舶安全法》(1933年法律第11号) (除第二十八条中规定的"险情通报、气象通报及其他防止船舶在航行中出现危险的情况"外) 及《小型船舶登记法》(2001年法律第102号) 的有关规定不适用于陆上自卫队使用的船舶 (包含水陆两用车辆，以下简称"陆上自卫队使用的船舶")。

删除第一百一十条中的"(1951年法律第149号)"，该条原内容改作第二款，增补以下内容作为该条第一款。

《船员及小型船舶驾驶员法》(1951年法律第149号) 的有关规定不适用于在陆上自卫队船舶及搭乘该船舶从事小型船舶驾驶工作的自卫队员。

将第一百一十一条 (包括标题) 中的"海上自卫队"改为"陆上自

卫队使用的船只及海上自卫队"。

将第一百一十六条之三改为第一百一十六条之四，在第一百一十六条之二后新增如下内容：

（关于向发展中地区政府转让不需要的防卫装备物资之际适用《财政法》的特例）

第一百一十六条之三 防卫大臣收到发展中地区政府提出的申请，要求为正在当地展开紧急灾害应对行动、情报搜集行动、教育训练以及其他行动（除去违背联合国宪章目的的行动）该地区军队转让防卫装备物资（指装备、船舶、飞行器或军需品，不包含武器弹药。以下本条同）时，在认定此支援对提升该部队在该活动中的行动能力有帮助的情况下，基于同该政府之间签订的关于装备物资转让的国际协定（仅限与我国达成以下协议的政府：在没有征得我国同意的情况下，不能将我国转让的装备物资用作规定之外的其他用途，也不能向第三方转移），在不妨碍自卫队遂行任务的限度内，可以向该政府让渡或以低于时价的价格出售曾供自卫队使用的不作为行政财产的物品，或经决定不作为装备物资使用的物品。

将附表三中的"西南航空混成团｜西南航空混成团司令部"改为"西南航空方面队｜西南航空方面队司令部"。

# 《联合国维持和平活动合作法》修订案

第三条 对《联合国维持和平活动合作法》（1992 年法律第 79 号）部分修订如下：

将第三十三条第一款中的"或者澳大利亚"改为"、澳大利亚或者英国"。

# 附　则

（施行日期）

第一条　本法自 2018 年 3 月 31 日前由政令指定之日起施行。但以下各项规定从该项中规定的日期起施行。

1. 将第二条中"《自卫队法》第一百一十六条之三改为之四，在之二新增以下内容作为之三"的修订规定自公布之日起施行。

2. 以下修订自公布之日三个月内依政令指定之日起施行：第二条中"《自卫队法》第二十条"的修订，删除该法第二十条之七的修订，该法第二十条之八第二款的修订，将修订后的第二十条之八调整为之七的修订，该法第二十条之九的修订，将修订后的该法第二十条之九改作之八的修订，该法第二十一条之一的修订，在该法第七十三条后增加如下一条的修订，该法第七十五条之八及附表三的修订，以及附则第四条中的规定。

3. 第二条中"《自卫队法》第一百零九条到第一百一十一条"的修订，以及关于第一百一十二条及附则第三条的规定，自公布之日起六个月内依政令指定之日起施行。

4. 第二条中"《自卫队法》第八十四条之五第一款第三项以及第二款第四项"的修订，在该法第一百条之九后新增之十、之十一的修订以及第三条中的规定，自《日本自卫队与英国军队相互提供物资与劳务协定》生效之日起施行。

5. 第二条中"《自卫队法》第一百条之八"的修订自《日本自卫队与澳大利亚军队相互提供物资与劳务协定》生效之日起施行。

（惩罚条例暂行规定）

第二条　对于上一条第三项规定施行前发生的行为，参照之前的案例进行处罚。

（《液压天然气保安法》修订案）

第三条　对《液压天然气保安法》（1951 年法律第 204 号）部分修订如下：

第三条第一款第三项中的"船舶以及"改为"船舶内以及陆上自卫队所使用的船舶（包含水陆两用车辆）以及"。

（《武力攻击事态及存亡危机事态中的俘虏处置法》修订案）

第四条　《武力攻击事态及存亡危机事态中的俘虏处置法》（2004 年法律第 117 号）部分修订如下：

删除第六条第二款中的"或者航空混成团司令"。

# 理　由

以下为提交本法律修订案的理由：为保证自卫队顺利遂行任务，有必要采取以下措施：变更自卫官编制员额，改编陆上自卫队及航空自卫队的组织结构，以及为履行日本和澳大利亚、日本和英国之间分别签署的《日本自卫队与澳大利亚国防军相互提供物资与劳务协定》和《日本自卫队和英国军队之间相互提供物资与劳务协定》的有关规定，须制定必要的配套措施。

# 《自卫队法施行令》等法律的部分修订案参照条文

## 《防卫省设置法》等法律的部分修订案
### （2017 年第 42 号法令）（摘录）

**附则**

（施行日期）

第一条　本法律自 2018 年 3 月 31 日前政令下达之日起实施。但是，下列各项中的规定自该项中规定的日期起实施。

1.—5.（略）

## 《防卫省设置法》
### （1954 年第 164 号法令）（摘录）

（防卫大学）

第十五条　（一）（略）

（二）除上一款规定的学科外，防卫大学校还对完成前项教育训练的人员及其他防卫大臣指定的人员实施教育训练，并进行相关研究，使其具备遂行自卫队任务所必需的理科、工科及社会科学的有关高级理论及应用等知识，并具备研究这些课题的能力。

（三）（四）（略）

# 《自卫队法》
# （1954 年第 165 号法令）（摘录）

（委任规定）

第二十三条　除本章规定内容外，与自卫队部队的组织、编成及警戒区域相关的必要事项以政令的形式规定。

（学校）

第二十五条

（一）在学校中，在为了使队员习得遂行任务所必需的知识和技能（除管理医院相关的教育训练外），在进行教育训练的同时，海上自卫队的学校、政令规定的航空自卫队学校及基于上一条第四项规定设置的学校还应就各种部队的指挥工作等展开调查研究

（二）—（六）（略）

（七）以政令形式任命的航空自卫队学校的校长在管理学校事务时，应接受航空教育集团司令的指挥监督。

（委任规定）

第三十条　除本章规定的内容外，机关的名称、位置、所掌管的事务、补给处分处、其他地方机关的设置，以及其他机关相关的必要事项，均以政令形式规定。

（防卫出动）

第七十六条

（一）内阁总理大臣在面临以下事态，认为有必要保卫我国的情况下，可以命令自卫队部分或全部出动。在这种情况下，根据《武力攻击事态及存立危机事态中确保我国和平独立及国民安全的相关法律》（2003 年第 79 号法令）第九条的规定，必须要得到国会的承认。

1. 外部已经对我国进行武力攻击的事态，或被认定为将要对我国进行武力攻击的明确的危险逼近的事态。

2. （略）

（二）（略）

（接受委托进行教育训练）

第一百条之二

（一）（略）

（二）在前项情况下，根据政令规定，防卫大臣可以收取授课费用。

（三）根据第一项规定接受教育训练的外国人，如果其委托人是发展中国家或地区政府，特别必要时，防卫大臣可以不依据本项后半部分的规定，依政令规定，支付补助金，用于支援其完成相关的教育训练。

（四）（略）

（防卫出动时的物资征用）

第一百零三条

（一）根据第七十六条第一项（仅限与第一号相关的部分。本条下同）的规定，自卫队接到命令出动，在其行动相关区域，被认可为遂行任务所必需的情况下，都道府县的知事可以根据防卫大臣或政令任命的负责人的要求，管理医院、诊所及其他以政令形式规定的设施（本条以下部分中称"设施"），使用土地、住房或物资（本条以下部分称"土地等"），要求从事物资生产、收购、贩卖、配给、保管或运输者保管其经手的物资，或征用这些物资。但事态紧急时，防卫大臣或以政令形式任命的负责人，可以在通知都道府县知事的前提下，自行行使这些权限。

（二）根据第七十六条第一项的规定，自卫队接到命令出动，即使在其行动相关区域之外，都道府县的知事也可以应防卫大臣或政令任命的负责人的要求，在自卫队遂行任务所必需的情况下，在防卫大臣公示的区域内，管理设施，使用土地等，征用物资，或命令保管物资。对于相关区域内医疗、土木工程、运输的从业人员，防卫大臣或政令任命的负责人可以命令指定人员从事医疗、土木工程、运输业务或同种业务。

（三）—（十九）（略）

# 《自卫队法施行令》
## （1954 年第 179 号政令）（摘要）

## 目　　录

## 第七章　其他（第一百一十四条—第一百六十二条）

### 附则

（部队单位及部队长官）

第六条　（一）（略）

（二）　（略）

（三）旅由旅本部、防卫大臣指定的团或群或相同规模的队、以及防卫大臣指定的其他部队组成；或者由旅本部、防卫大臣指定的营及其他部队组成。团由团本部、防卫大臣指定的营及其他部队组成；或者由团本部、防卫大臣指定的连及其他部队组成。群由群本部、防卫大臣指定的营及其他部队组成；或者由群本部及营以外的防卫大臣指定的部队组成。但是，在防卫大臣认为有必要时，由团本部、连及其他部队组成的团中可以不编入除团本部及营以外的部队，由团本部、连及其他部队组成的团也可以不编入除团本部及连以外的部队。

（师）

第十条（略）

1.（略）

2. 步兵团（3）、坦克团（1）、炮兵团（1）及高射炮营（1）

3. 步兵团（3）、炮兵队（1）、坦克营（1）及高射炮营（1）

4. 步兵团（1）、坦克团（3）、炮兵团（1）及高射炮团（1）

（旅）

第十二条之二　（略）

1. 步兵团（3）、炮兵队（1）、坦克营（1）

2. 步兵团（3）及炮兵队（1）

3.（略）

4. 步兵团（1）及高射炮团（1）

（陆上自卫队学校的名称、位置及负责事务）

第三十三条之二　（略）

| 名称 | 位置 | 负责事务 |
|------|------|---------|
| （略） | （略） | （略） |
| 陆上自卫队干部候补生学校 | 久米留市 | 为培养遂行陆上自卫队初级干部职责所必需的知识和技能而进行教育训练活动。 |
| 陆上自卫队高等工科学校 | 横须贺市 | 针对即将成为军士长以下、下士以上自卫官的人员开展教育训练，使其掌握必要的知识和技能，能够遂行设施器材、通信器材、武器、飞机的保养和操作任务及其他技术相关任务。 |

（航空自卫队学校的名称、位置及负责事务）

第三十五　条航空自卫队学校的名称、位置及负责事务如下表所示。

（表略）

（技术人员范围）

第一百二十六条之二　第一百条之二第一款中政令规定的技术人员是指下述各项所列的人员。

1. 从事飞机驾驶及保养的人员

2. 从事降落伞降落试验的人员

3. 从事潜艇航行试验的人员

4. 从事抢救工作的人员

5. 从事火炮操作的人员

（授课费用）

第一百二十六条之五

（一）（略）

1. 在防卫研究所中接受教育训练的人员　每月 46000 日元

2. 在防卫大学校中接受教育训练的人员　每年 552000 日元

3. （略）

（二）如果委托方是国家机关，则不收取培训费用。

（三）如果委托方是外国政府，在获得防卫大臣许可的情况下，可不收取培训费用。

（每月补助金额度）

第一百二十六条之九

（三）（略）

1. （略）

2. 在陆上自卫队干部候补生学校、海上自卫队干部候补生学校及航空自卫队干部候补生学校中接受教育训练的外国人　每月支付 112300 日元

3. 接受防卫省设置法第十五条第三项中的教育训练的外国人　每月支付 83000 日元

（能够要求征用物资的人员范围）

第一百二十七条（略）

1. 方面队司令

2. 师长

3. 旅长

4. （略）

5. 联合舰队司令

6. 航空集团司令

7. 地方队司令

8. 航空总队司令

9. 航空支援集团司令

10. 航空方面队司令

11. 补给控制本部长

12. 补给本部长

# 《防卫省职员薪酬法》
## （1953 年第 266 号法令）（摘要）

第六条

（一）（略）

（二）适用于附表二中的陆自中将、海自中将、空自中将一栏，陆自少将、空自少将的（一）栏的自卫官的工资月薪，按照该人员官职，依据政令规定决定其工资数额。

（工资特别调整金额）

第十一条之三

（一）对于从事管理和监督职务者，根据其特殊性，可以由政令规定适当的特别调整额度。

（二）（略）

（航空津贴等）

第十六条

（一）（略）

（二）（略）

（三）第一项各号中规定的津贴额度，以政令的形式规定，应在同一项目自卫官月薪的 80% 以内。

附表二　自卫官工资表（与第四条、第五条、第六条、第八条、第二

十七条第三款、第二十八条第三款相关）

（工资表略）

备注（一）担任联合参谋长及其他政令规定官职之外的官职的陆自中将、海自中将、空自中将，不在该表规定范围内，按陆自少将、海自少将、空自少将的（二）栏中规定的数额支付工资。

（二）—（四）（略）

# 《防卫省职员薪酬法》施行令
# （1953 年第 368 号政令）（摘要）

（与陆自上校、海自上校、空自上校以上的自卫官相关的自卫官月薪表适用范围的区分）

第四条

（一）（略）

（二）自卫官工资表备考（二）以政令的形式加以规定的是，联合参谋部、陆自参谋部、海自参谋部、空自参谋部（下文称"参谋部"）中掌管特别重要事务的部的长官及其他与之相当的官职中，担任防卫省令规定的官职的自卫官。

（三）享受自卫官工资表中的陆自上校、海自上校、空自上校的（一）栏或（二）栏规定工资额的职员的范围，依照下述各号规定。对于新被录用为陆自上校、海自上校、空自上校的自卫官，可以考虑本人的知识经验，在防卫大臣规定的范围内，不按下述各号所规定的年限执行。

1. 享受自卫队工资表中的陆自上校、海自上校、空自上校的（一）栏规定工资数的人员，须为掌管参谋部特别重要事务的课的课长，或者是担任其他同等职务的人员，须担任防卫大臣委任官职，且享受该表的陆自上校、海自上校、空自上校的（二）栏规定工资满两年。

2. 享受自卫队工资表中的陆自上校、海自上校、空自上校的（二）栏规定工资数的人员，须为参谋部的课长，陆上自卫队方面队司令部的部长、团长或群长，海上自卫队地方队司令部的部长、护卫队队长，航空自卫队航空方面队司令部的部长、飞行群长，或者是担任其他同等职务的人员，须担任防卫大臣委任官职，且享受该表的陆自上校、海自上校、空自上校的（三）栏规定工资满两年。

（适用指定职位津贴表的事务官的薪俸等级等）

第六条之二十

（一）该法案第六条第一项中规定的事务官等的职级工资，应考虑与担任适用一般职位工资法附表十一的一般职位的国家公务员之间的平衡，由防卫大臣决定。

（二）（略）

| 项 | 官职 | 号薪俸 |
|---|---|---|
| 一 | 联合参谋长 | 八号薪俸 |
| 二 | 陆自参谋长<br>海自参谋长<br>空自参谋长 | 七号薪俸 |
| （略） | （略） | （略） |
| 四 | 第四条第一款或第二款中防卫省令规定的官职 | 防卫大臣从一号薪俸到五号薪俸中，为各官职指定工资。 |
| 备注：目前，本表中三或四中列列官职中，如果是防卫大臣指定的官职，其工资为六号薪俸。 | | |

（工资特别调整额度）

第八条之三

（一）本法第十一条第三款第一项规定的政令指定官职，根据附表第三栏上栏中所列组织不同，各自对应该表中栏所列官职。

（二）支付给任前项中规定的官职的人员的特别调整额，根据附表四的第一栏、第二栏、第三栏中列举的种别（指的是附表三备注栏中规定的种别。除本表外，下文皆同）、工资表及职务级别或军衔级别［如果相关职员所属级别为陆自中将、海自中将、空自中将，或陆自少将、海自少将、空自少将，那么其适用自卫官工资表中的陆自少将、海自少将、空自少将的（二）栏；如果是陆自上校、海自上校、空自上校，则适用自卫官工资表的陆自上校、海自上校、空自上校的（一）栏、（二）栏、（三）栏。附表四亦同］，以及附表第四的第四栏中的的不同职务来确定。（如果是再次聘用的短期勤务职员，则以此特别调整额，乘以将该人员平均一周的正常工作时间除以防卫省政令规定的再次聘用的短期勤务职员以外的职员平均一周的正常工作时间所得的数，所得结果尾数不足一日元时舍去。）

（三）自卫官工资表中的陆自中将、海自中将、空自中将栏中所列金额中，防卫大臣所规定的金额，与该人员享受的工资、航空津贴、乘务员津贴、伞降队员津贴、特别警备队员津贴、特种作战队员津贴的月额总计，两者之间的差额超过一定额度时，该人员的工资特别调整金额不受该规定影响，自卫官的前项规定工资金额相当于该差额。

（四）职员如果一个月从头到尾没有出勤，则不向其支付特别调整金额。但如因下列原因未能出勤，则不受此限制。

1. 因公负伤或生病，或因通勤［指的是适用第二十七条第一项中规定的国家公务员灾害补偿法（1951 年第 191 号法令）的第一条第二款中规定的通勤，下同］造成的受伤，或生病，奉命停职的。

2. 因公负伤、患病，因通勤受伤、患病而休假的

（五）适用《联合国派遣自卫官、派遣职员及国有企业和民营企业人事交流法》第二十四条第一项，根据本法第七条第一项的规定而派遣的职员（下称"交流派遣职员"）适用于前项但书规定。联合国、派遣机关、派遣企业（指适用于该法第二十四条第一项的该法第七条第三项中规定的

派遣企业，下同。）的业务被视为公务。

第十一条之三

（一）（略）

（二）～（四）（略）

（五）第十六条第一项第五号所列的作为特种作战队员的政令规定的自卫官（下称"特种作战队员"），是指以下各号中所列人员，由防卫大臣决定。

1. 以执行特种作战任务（下称"特种作战业务"）为主要业务的陆上自卫官

2. 以学习与特种作战业务相关的技能为主要业务的陆上自卫官

（六）（略）

（航空津贴等的月额）

第十二条

（一）第十六条第三项的航空津贴每月金额计算方法如下：以空乘人员所属级别最低工资［其级别为陆将、海将或空将的情况下，指自卫队工资表的陆自少将、海自少将、及空自少将的（二）栏中的最低工资］的金额（其等级为陆自少校、海自少校、空自少校以上的情况下，在其金额的94.2%范围内，乘上防卫大臣规定的比例所得到的金额）为基数。如果飞行给空乘人员身心造成了明显的负担，此基数乘以防卫大臣规定的比例（喷气式飞机空乘人员为80%，其他空乘人员为60%）得到一定金额。以下列举了不同空乘人员对应的百分比，在此比例范围内，上述金额再乘以防卫大臣规定的百分比，得到的金额（尾数不足一日元时舍去）就是航空津贴的每月金额。

1. 符合第十一条第三款第一项第一号的人员 100%

2. 符合第十一条第三款第一项第二号的人员 80%

3. 符合第十一条第三款第一项第三号的人员 65%

（二）第十六条第三项的乘务员的每月津贴计算方法如下：防卫大臣指定的空乘人员，乘以其每月工资的33%（潜艇乘务员为45.5%，防卫大臣指定的舰船乘务员为27.5%）得到的金额（尾数不足一日元时舍去）；其他乘务员根据防卫大臣的规定，其所级别最低工资金额（阶层为海自少校以上的情况下，在其金额的94.2%范围内，乘上防卫大臣规定的比例所得到的金额）分别乘以26.4%、16.5%得到的金额（尾数不足一日元时舍去）。

（三）第十六条第三项的降落伞队员的每月津贴计算方法如下：降落伞队员最低工资金额（级别为陆自少校、空自少校以上的情况下，在其金额的94.2%范围内，乘上防卫大臣规定的比例所得到的金额）乘上如下系数，如果是符合第十一条第三款第三项第一号的降落伞队员则为33%（如果是考虑到其在跳伞任务中携带的装备的种类，由防卫大臣决定的降落伞队员，则应根据其跳伞作业的危险性及难度系数，根据防卫大臣的规定，为30%或28.5%），符合该项第二号的降落伞队员则为24%，得到的金额（尾数不足一日元时舍去）。

（四）第十六条第三项的特别警备队员的每月津贴计算方法如下：特别警备队员最低工资金额（级别为海自少校以上时，在其金额的94.2%范围内，乘上防卫大臣规定的比例，所得到的金额）乘上如下系数，符合第十一条第三款第四项第一号的特别警备队员乘以49.5%，符合同项第二号的特别警备队员乘以39.6%，之后得到的金额（尾数不足一日元时舍去）。

（五）（略）

（六）与根据自卫队法第四十六条规定受到减薪处分的乘务员、乘务组成员、降落伞队员、特别警备队员、特种作战队员，其相关的航空津贴、乘务津贴、降落伞队员津贴、特别警备员津贴、特种作战队员津贴的每月金额，应减去前项规定的航空津贴、乘务津贴、降落伞队员津贴、特别警备员津贴、特种作战队员津贴的每月金额乘以工资减少的比例所得到的金额。

（七）乘务员、乘务组人员、降落伞队员、特别警备队员、特种作战队员在没有从事相关的航空、乘务、降落伞队员、特别警备员、特种作战队员工作时，除上一条规定的被视为特别勤务的情况外，应减少其相应的航空津贴、乘务津贴、降落伞队员津贴、特别警备员津贴、特种作战队员津贴的每月金额。减少金额的计算方法参照第七条第二款的规定。

（八）乘务员、乘务组人员、降落伞队员、特别警备队员、特种作战队员，其第一项到第五项中规定的金额如果超过自卫官工资表中的陆自中将、海自中将、空自中将栏中列举的金额中，防卫大臣定下的金额和接受的每月津贴金额的差别，则支付给该人员的航空津贴、乘务津贴、降落伞队员津贴、特别警备员津贴、特种作战队员津贴不受这些规定限制，其金额应相当于其差额。

附表三（与第八条之三相关）

| 组织的区分 | 官职 | 类别 |
|---|---|---|
| 防卫省内部部局 | 官房长<br>局长<br>副局长<br>卫生监察官<br>设施监察官<br>新闻发言人<br>网络安全与信息化审议官<br>审议官<br>美军整编协调官<br>参事官<br>课长<br>讼务管理官<br>设施建设官<br>提供设施计划官<br>内务管理官<br>卫生官<br>冲绳协调官<br>采办官 | 一类 |

续表

| 组织的区分 | 官职 | 类别 |
|---|---|---|
| 联合参谋部 | 副联合参谋长<br>综合官<br>部长<br>副部长<br>课长<br>参事官<br>新闻发言人<br>首席法务官<br>首席后勤补给官<br>联合参谋学校校长 | 一类 |
| 陆自参谋部 | 陆自副参谋长<br>部长<br>课长<br>监察官<br>法务官<br>警务管理官 | 一类 |
| 海自参谋部 | 海自副参谋长<br>部长<br>副部长<br>课长<br>监察官<br>首席法务官<br>首席会计监察官<br>首席卫生官 | 一类 |
| — | — | — |
| 师司令部 | 师长<br>副师长 | 一类 |
| | 参谋长 | 二类（如果是防卫大臣规定人员，则为一类） |
| （略） | （略） | （略） |
| 联合舰队司令部 | 参谋长 | 一类 |
| 护卫舰队司令部 | 护卫舰队司令<br>参谋长 | 一类 |

| 组织的区分 | 官职 | 类别 |
|---|---|---|
| 航空集团司令部 | 航空集团司令<br>参谋长 | 一类 |
| 潜艇舰队司令部 | 潜艇舰队司令<br>参谋长 | 一类 |
| 扫雷队群司令部 | 扫雷队群司令<br>参谋长 | 一类 |
| 护卫队群司令部 | 护卫队群司令 | 一类 |
| 海上训练指导队群司令部 | 海上训练指导队群司令 | 一类 |
| 航空群司令部 | 航空群司令 | 一类 |
| 潜水队群司令部 | 潜水队群司令 | 一类 |
| 信息业务群司令部 | 信息业务群司令 | 一类 |
| 海洋业务·对潜艇支援群司令部 | 海洋业务·对潜艇支援群司令 | 一类 |
| 开发队群司令部 | 开发队群司令 | 一类 |
| 地方队司令部 | 地方队司令<br>参谋长 | 一类 |
| 教育航空集团司令部 | 教育航空集团司令<br>参谋长 | 一类 |
| 教育航空群司令部 | 教育航空群司令 | 二类（如果是防卫大臣规定<br>人员，则为一类） |
| 练习舰队司令部 | 练习舰队司令 | 一类 |
| 通信舰队司令部 | 通信舰队司令 | 一类 |
| 航空总队司令部 | 航空总队副司令<br>参谋长 | 一类 |
| 航空支援集团司令部 | 航空支援集团司令<br>航空支援集团副司令<br>参谋长 | 一类 |
| 航空教育集团司令部 | 参谋长 | 一类 |
| 航空开发实验集团司令部 | 航空开发实验集团司令<br>参谋长 | 一类 |
| 航空方面队司令部 | 航空方面队司令<br>航空方面队副司令 | 一类 |
| | 参谋长 | 二类（如果是防卫大臣规定<br>人员，则为一类） |

| 组织的区分 | 官职 | 类别 |
|---|---|---|
| 航空团司令部 | 航空团司令 | 一类 |
| | 航空团副司令 | 一类 |
| 航空救难团司令部 | 航空救难团司令 | 一类 |
| 航空战术教导团司令部 | 航空战术教导团司令 | 一类 |
| 飞行教育团司令部 | 飞行教育团司令 | 二类（如果是防卫大臣规定人员，则为一类） |
| 飞行开发实验团司令部 | 飞行开发实验团司令 | 一类 |
| 航空警戒管制团司令部 | 航空警戒管制团司令 | 一类 |
| 自卫队情报保全队本部 | 自卫队情报保全队司令 | 一类 |
| 自卫队指挥通信系统队本部 | 自卫队指挥通信系统队司令 | 一类 |
| 陆上自卫队、海上自卫队及航空自卫队学校 | 校长 | 一类 |
| | 副校长 | 三种（如果是防卫大臣规定人员，则为一类或二类） |
| 陆上自卫队、海上自卫队及航空自卫队补给处 | 处长 | 一类 |
| | 副处长 | 三种（如果是防卫大臣规定人员，则为一类或二类） |
| 自卫队地方合作本部 | 地方合作本部长 | 二类（如果是防卫大臣规定人员，则为一类） |
| （略） | （略） | （略） |
| 补给控制本部 | 补给控制本部长 副本部长 | 一类 |
| 海上自卫队及航空自卫队补给本部 | 补给本部长 副本部长 | 一类 |
| 自卫队体育学校 | 校长 | 一类 |
| | 副校长 | 二类 |
| 自卫队中央医院 | 院长 副院长 | 一类 |
| 自卫队地区医院 | 院长 | 二类（如果是防卫大臣规定人员，则为一类） |
| | 副院长 | 三种（如果是防卫大臣规定人员，则为一类或二类） |
| 情报本部 | 情报本部长 | 一类 |

| 组织的区分 | 官职 | 类别 |
|---|---|---|
| 防卫监察本部 | 副总监<br>课长<br>综合监察官 | 一类 |
| 地方防卫局 | 地方防卫局长<br>副局长 | 一类 |
| 防卫装备厅内部部局 | 防卫技术总监<br>部长<br>装备官<br>审议官<br>规划管理综合官<br>革新技术战略官<br>采办综合官<br>总务官<br>人事官<br>会计官<br>监察监督与评估官<br>舰船设计官<br>课长<br>装备制度管理官<br>项目计划官<br>综合装备计划官<br>项目监理官<br>装备技术官<br>技术计划官<br>技术振兴官<br>成本管理官<br>企业调查官<br>军需采办措官<br>武器采办官<br>电子音响采办官<br>舰船采办官<br>电子通信采办官<br>飞机采办官<br>进口采办官 | 一类 |
| | 装备开发官 | 二类 |

| 组织的区分 | 官职 | 类别 |
|---|---|---|
| 防卫省内部部局、防卫大学、防卫医科大学、防卫研究所、联合参谋部、陆自参谋部、海自参谋部、空自参谋部、自卫队部队及机关、情报本部、防卫监察本部、地方防卫局及防卫装备厅 | 防卫大臣所定的官职 | 防卫大臣所定的种类 |

备注　本表中的"类别"指的是，将处在管理和监督地位的职员所任官职，依照该管理和监督工作的复杂、困难程度及责任大小按由高到低的顺序，从一类到五类（自卫官为四类）排列。

# 《武力攻击事态情况下保护国民措施相关法》
## （2013 年第 112 号法令）（摘录）

（警察官等对避难居民的引导）

第六十三条

（一）在上一条第一款的情况下，市町村长如果认为有必要对避难居民进行引导，警察署长、海上保安部长、自卫队法第七十六条第一款、第七十八条第一款或第八十一条第二款所规定的应出动的自卫队部队中被命令实施措施保护国民的自卫队部队等，或按该法第七十七条之四的第一款中规定被派遣的自卫队部队等（下文称"警察官等"）能够申请对避难居民进行引导。在这种情况下，市町村长应将此事告知该市町村所属的都道府县的知事。

（二）（三）（略）

# 《武力攻击事态情况下保护国民措施相关法》
# 施行令（2013年第275号政令）（摘录）

（政令规定的自卫队长官）

第八条

（一）由本法第六十一条第三款政令所规定的自卫队长官，担任负责该市町村的自卫队地方合作本部的本部长。

（二）（略）

1. 方面队司令

2. 师长

3. （步兵、坦克兵）旅长

4. （略）

5. （直升机、空降、两栖等）旅长

6. 团长

7. （高射炮等）群司令

8. 联合舰队司令

9. 护卫舰队司令

10. 航空集团司令

11. 扫雷队群司令

12. 护卫队群司令

13. 航空群司令

14. 地方队司令

15. 基地队队长

16. 航空队队长（除驻航空群司令部或地方队司令部所在地的航空队

队长外)

17. 教育航空集团司令

18. 教育航空群司令

19. 练习舰队司令

20. 海上自卫队补给本部长

21. 航空总队司令

22. 航空支援集团司令

23. 航空教育集团司令

24. 航空方面队司令

25. 航空自卫队补给本部长

26. 任基地司令职位的部队长官（不包含任驻航空总队司令部、航空教育集团司令部、航空方面队司令部或航空自卫队补给本部所在基地的基地司令职务的部队长官）

27. 根据《自卫队法》（1954 年第 165 号法令）第二十二条第一款、第二款规定编成的特别部队的长官，由防卫大臣指定。

# 关于部分修订自卫队法施行令等的政令

## （政令第 33 号）

随着《防卫省设置法等部分修订案》（2017 年法律第 42 号）的施行，内阁基于《自卫队法》（1954 年法律第 165 号）第二十三条、第三十条、第一百条之二第二款及第三款、第一百零三条第一款和第二款，《防卫省职员工资法》（1952 年法律第 266 号）第六条第二款、第十一条之三第一款、第十六条第三款以及附表第二项备注（一），以及《在发生武力攻击事态时为保护国民安全而采取相关措施的法律》（简称《国民保护措施法》）（2004 年法律第 112 号）第六十三条第一款的相关规定，制定此政令。

## （《自卫队法施行令》部分修订）

第一条　对《自卫队法实施令》（1952 年政令第 179 号）的部分内容做修订如下：

目录中，将"研究本部"改为"教育训练研究本部"。

第六条第一款以及第二款中的"方面队、师、旅及中央快反集团"修订为"陆上总队、方面队、师及旅"，并将该条内容作为"第六条之一"，其后添加以下三个子目：

（陆上总队）

第六条之二　陆上总队由陆上总队司令部及一个空降旅、一个两栖机动旅、一个直升机旅、一个系统通信旅、一个中央快反团、一个特种作战群以及其他防卫大臣指定的部队构成。但是，在防卫大臣认为有必要时，可以将上述部队以外的其他部队纳入编成，也可将除陆上总队司令部以外的其他部队的一部分排除在编成外。

（陆上总队司令）

第六项之三

（一）陆上总队司令由陆自中将担任。

（二）陆上总队司令部的事务由陆上总队司令掌管。

（陆上总队司令部）

第六条之四

（一）陆上总队司令部设参谋长1人。参谋长由陆自中将担任。

（二）参谋长协助陆上总队司令管理陆上总队司令部的内部事务。

（三）陆上总队司令部设置必要的部和课。

在第十条的但书中，在"师司令部"后增加"、快反机动团"，在此条第一项中，将"3个或4个步兵团、1个炮兵团、1个坦克营"改为"1个快反机动团、2个步兵团"，该条中第四项改为第六项，第三项改为第五项，在第二项后新增以下两项：

3.3个步兵团、1个炮兵团、1个坦克营和1个高炮营

4.3个步兵团、1个炮兵团和1个高炮营

第十二之二的但书中，"旅司令部"后增加"、快反机动团"，删除该条中的第三项，第二项变为第三项，第一项变为第二项，并在该项前新增以下内容：

1.1个快反机动团和1个步兵团

删除第十二条之五至之七。

第十三条中，"方面队司令部、师司令部、旅司令部及中央快反集团司令部"改为"陆上总队司令部、方面队司令部、师司令部及旅司令部"。

在第三十一条中"职位"后增加"陆上总队司令"。

删除第三十三条之二中表格内"陆上自卫队干部学校"一项，将该表中"陆上自卫队富士学校"一项中的"开展……教育训练"后增加"与此同时，针对这些部队的使用和相互协调等问题展开相关调查研究"，将该表格中"陆上自卫队高射学校"一项中的"开展……教育训练"后增加"与此同时，针对高射特种部队的使用等问题展开相关调查研究"，在该项的后面增加如下内容：

| | | |
|---|---|---|
| 陆上自卫队情报学校 | 静冈县骏东郡小山町 | 为了使受训人员掌握情报兵种所需的知识和技能而开展教育训练，与此同时，就情报专业部队的指挥等问题展开相关的调查研究。 |

第三十三条之二款的表二中，"陆上自卫队航空学校"一项中，在"开展……教育训练"后增加"与此同时，就航空部队的指挥等问题展开相关的调查研究"；该表"陆上自卫队设施学校"一项中，在"开展……教育训练"后增加"与此同时，就工兵部队的指挥等问题展开相关的调查研究"；该表"陆上自卫队通信学校"一项中，在"开展……教育训练"后增加"与此同时，就通信部队的指挥等问题展开相关的调查研究"；该表"陆上自卫队武器学校"一项中，在"开展……教育训练"后增加"与此同时，就武器部队的指挥等问题展开相关的调查研究"；该表"陆上自卫队军需学校"一项中，在"开展……教育训练"后增加"与此同时，就军需兵部队的指挥等问题展开相关的调查研究"；该表"陆上自卫队运输学校"一项中，在"开展……教育训练"后增加"与此同时，就运输兵部队的指挥等问题展开相关的调查研究"；删除该表"陆上自卫队小平学校"一项中的"情报兵、"，将"业务管理等"更改为"关于业务管理等相关业务"，在"开展……教育训练"后增加"与此同时，就警务兵部队、会计兵部队或从事人事、业务管理等业务的部队的指挥等问题展

开相关的调查研究";该表"陆上自卫队卫生学校"一项中，在"开展……教育训练"后增加"与此同时，就卫生兵部队的指挥等问题展开相关的调查研究";该表"陆上自卫队化学学校"条款中，在"开展……教育训练"后增加"与此同时，就从事这些业务的部队的指挥等问题展开相关的调查研究"。

第三十八条之四（包括标题）中，将"第二十五条第七款"更改为"第二十五条第八款"。

第三章第五节更改如下：

第五节　教育训练研究本部

（教育训练研究本部的名称、位置及所负责的事务）

第四十八条之四　教育训练研究本部的名称、位置和负责的事务如下表所示。

| 名称 | 位置 | 负责事务 |
|---|---|---|
| 陆上自卫队教育训练研究本部 | 东京都目黑区 | 1. 在陆上自卫队开展《自卫队法》律第二十五条第一款项规定各事务的实施计划、综合协调及控制业务。<br>2. 为了使陆上自卫队部队的高级部队指挥官或高级参谋掌握履行职务所需的知识和技能，开展教育训练。<br>3. 就陆上自卫队的大部队运用等问题展开相关调查研究。 |

第一百二十六条之五第一款第三项中，"和自卫队学校"更改为"、自卫队学校及陆上自卫队教育训练研究本部"。

删除第一百二十六条之九第三款第一项中的"、陆上自卫队干部学校"，将"及航空自卫队干部学校"更改为"、航空自卫队干部学校及陆上自卫队教育训练研究本部"。

删除第一百二十七条中的第四项，将第三项变为第四项，第二项变为第三项，第一号变为第二项，并在其前增加如下内容：

1. 陆上总队司令

# （《防卫省职员工资法施行令》部分修订）

第二条 《防卫省职员工资法施行令》（1952年政令第368号）部分修订如下：

在第四条第一款中的"空自参谋长"后增加"、陆上总队司令"。

第六条第二款表三中的"方面队司令"更改为"陆上总队司令　方面队司令"。

第十二条第五款中的"或12.375%"更改为"12.375%或6.875%"。

在附表三"空自参谋部"的项目后，再增加如下内容：

| 陆上总队司令部 | 参谋长 | 一类 |
|---|---|---|

删除附表三"中央快反集团司令部"的一项，该表"研究本部"一项修改如下：

| 教育训练研究本部 | 教育训练研究本部长 | 一类 |
|---|---|---|

# （《国民保护措施法施行令》部分修订）

第三条 《关于武力攻击事态中国民保护措施的法律施行令》（2004年政令第275号）部分修改如下。

删除第八条第二款中的第四项，将第三项变为第四项，第二项变为第三项，第一项变为第二项，在其前增加如下内容：

1. 陆上总队司令

附则

本政令自《防卫省设置法修订案》等法律施行之日（2018 年 3 月 27日）起实施。

理由

为了配合《防卫省设置法修订案》等部分法律的实施，以及促进自卫队任务的顺利遂行，有必要规定陆上自卫队陆上总队的组织及编成等相关必要事项、教育训练研究本部的名称、位置及负责事务等，此外，为改编陆上自卫队的师及旅的编制等也有修订相关法律的必要。

# 《自卫队法》( 1951 年第 615 号法令 ) 摘录

（防卫召集、国民保护召集和救灾召集）

第七十条

（一）防卫大臣在以下各种情况下，获得内阁总理大臣的首肯后，可根据以下条款规定的召集命令书，向预备自卫官发出召集命令。

1. 根据第七十六条第一款规定，发出防卫出动命令或事态紧急时，预计根据该规定将会发出防卫出动命令且认为有必要时，按照防卫召集命令书发出防卫召集命令。

2. 根据第七十七条第四款规定，为实施保护国民的措施（《关于武力攻击事态中国民保护措施的法律》（2004 年第 112 号法律）第二条第三款中规定的国民保护措施（维持治安的内容除外，下同）和紧急应对保护措施（特指该法律第一百七十二条第一款规定的紧急应对保护措施），在认为特别有必要的时候，根据国民保护召集命令书等发出国民保护召集命令。

3. 根据第八十三条第二款规定，为救援而派遣部队时，当认为特别有必要时，根据救灾召集命令书发出救灾召集命令。

（二）～（九）（略）

（训练召集）

第七十一条

（一）防卫大臣为组织必需的训练，可以决定每次召集的时间，根据训练召集命令书对预备自卫官发出训练召集命令。

（二）～（五）（略）

（委任规定）

第七十二条

除前两条规定之外，第七十一条第一款规定的防卫召集命令书、国民保护召集命令书、救灾召集命令书和前一条第一项规定的训练召集命令书中应该记载的事项，以及对预备自卫官发出的防卫召集命令，国民保护等召集命令和救灾召集命令、训练召集命令的手续，和其他防卫预备官的防卫召集、国民保护召集、治安召集和救灾召集等相关必要事项都由政令规定。

第七十五条之四

（一）防卫大臣在以下各种情况下，在认为有必要时，在获得内阁总理大臣的认可后，可根据具体的召集命令书，向应急预备自卫官发出召集命令。

1. 根据第76条第1项的规定，在发出防卫出动命令，或事态紧急的情况下，预计根据该项命令将发出防卫出动命令时，可根据防卫召集命令书发出防卫召集命令。

2. 根据第77条第4款的规定，为了实施国民保护措施和紧急应对保护措施而派遣部队时，可根据国民保护等召集命令书发出国民保护召集命令。

3. 根据七十八条第一项和八十一条第二项的规定，发出治安出动命令，或事态紧急的情况下，按照第七十八条第一项的规定，在预估可能发出治安出动命令的情况下，根据治安召集命令书发出治安召集命令。

4. 根据第八十三条第二项规定为救援等而派遣部队，或根据八十三条第二第三项规定，为支援部队而派遣自卫队的情况下，根据救灾召集命令书等发出救灾召集命令。

（二）～（七）（略）

（训练召集）

第七十五条之五

（一）防卫大臣为组织必需的训练，可以决定每次召集的时间，根据训练召集命令书对预备自卫官发出训练召集命令。

（二）～（四）（略）

（委任规定）

第七十五条之六　除前两条规定之外，第七十五条之四第一款中规定的防卫召集命令书、国民保护召集命令书、治安召集命令书和救灾召集命令书，以及之三第一款中规定的训练召集命令书中应该记载的事项，以及对应急预备自卫官发出的防卫召集命令、国民保护召集命令、治安召集命令、救灾召集命令训练召集命令的规章，此外根据应急预备自卫官的防卫召集、国民保护召集、治安召集、救灾召集和训练召集等相关必要事项都将由政令规定。

# 《自卫队法施行令》( 1951 年政令第 179 号 )

（召集命令书的交付）

第九十一条

（一）召集命令书交付给所属的地方合作本部长，或通过邮局寄送交付。

（二）根据本法第七十条第八款规定，根据发出的防卫召集命令书、国民保护召集命令书、和救灾召集命令书，由领受该防卫召集命令、国民保护召集命令、救灾召集命令的自卫官交付给值班部队长官。

（三）（略）

（召集命令书的交付）

第一百零二条之五

（一）召集命令书（法案第七十五条第五款第一项中规定的训练召集命令书除外。）交付给地方合作本部长，或通过邮局寄送交付。

（二）《自卫队法施行令》第七十五条第一款规定的训练召集命令书中，针对需要参加训练召集的应急预备自卫官，根据该法令第七十五条之三的规定，交付指定陆上自卫队的部队长官，或通过邮局寄送交付。

（三）根据《自卫队法施行令》第七十五条之四第六款的规定，防卫召集命令书、国民保护召集命令书，救灾召集命令书由应当领受防卫召集命令、国民保护召集命令、治安召集命令和救灾召集命令的自卫官交付给当时执勤部队的长官。

（四）（略）

（五）根据第一款、第二款的规定，第九十二条、九十三条之规定适用于召集命令书的交付。此时，本法令第九十二条中所说的"前一条第一款"等同于"第一百零二条之五第一款和第二款"，该条第一款中的"第九十九条第二款"等同于"第一百零二条之七中适用的第九十九条第二款"，第九十三条中的"本法令第七十条第一款各项"等同于"本法令第七十五条之四第一款各项"，"本法令第七十一条第一款"等同于"本法令第七十五条之五第一款"，"国民保护召集命令或救灾召集命令等"等同于"国民保护召集命令、治安召集命令或救灾召集命令等"。

# 自卫队体制建设方向

防卫省

2014 年 11 月

## 一、我国的军事与安全议题

《关于 2013 年度防卫力量发展建设》（2013 年 1 月 25 日内阁会议通过）

①2010 年版大纲制定以来，我国周边安全环境日趋严峻。

朝鲜以"人造卫星"名义发射导弹；

中国在我国周边海空域的活动急剧扩大，日趋活跃。

②美国在新的国防战略指导方针下，强调在亚太地区的存在，以强化与我国及其他同盟国的合作为指向。

③在"3·11"地震的自卫队活动中取得了经验教训。

《防卫力量发展形势研讨会中期报告》（2013 年 7 月 26 日、防卫力量发展形势研读委员会）

现大纲制定以来，各种安全议题与不稳定因素开始显现并激化，我国安全环境日趋严峻。

"灰色区间"事态呈现长期化趋势，并可能转化为更严重事态；

中国在尚未充分确保透明度的情况下，全面快速强化现代化军事力量，快速扩大和活跃海洋活动；

朝鲜加速进行核导弹开发；

阻碍稳定利用网络空间等的可能性逐渐加大；

日本国内要重新认识防范大规模灾害的重要性。

## 二、防卫力量的职能

《2011年度以后的防卫计划大纲》《防卫力量发展形势研讨会中期报告》中规定的防卫力量职能：

### （一）有效慑止与应对各种事态

通过平时不间断的常态情报搜集、警戒监视、侦察活动（常态不间断监视），确保情报优势。对于各种事态的发展进行迅速、无缝地应对。在防范正规侵略事态上，保持应对不确定未来局势变化所需的最小限度防卫力量。

尤其应重视下列事项：

（1）确保周边海空域安全；

（2）应对岛屿攻击；

（3）应对网络攻击；

（4）应对游击队或特种部队的攻击等；

（5）应对弹道导弹攻击；

（6）应对复合事态；

（7）应对大规模和特殊灾害等。

### （二）进一步维护亚太地区安全环境稳定

在我国周边适时、切实地实施常态监视、训练演习等。深化日美同盟关系，多层次推进双边和多边的防卫合作与交流、联合训练和演习。在非传统安全保障领域，充分发挥自卫队的能力，推进务实合作。构建并加强区内合作框架，努力为区内各国的相关能力建设提供支援。

### （三）改善全球安全环境

积极参加包括和平构建和停战监督在内的国际和平合作活动。积极参与联合国等在军控与裁军、不扩散等领域开展的各项活动，并提供相关能力建设支援。与同盟国等合作，积极推进国际反恐、维护海上交通安全和维持海洋秩序等活动。我国的安全环境虽日趋严峻，但是以上三个职能可大致持续有效。另一方面，必须根据变化的安全环境，不断充实以上职能的具体内容。

防卫力量的能力评估中，在重视这三个职能的基础上，于"应对岛屿攻击""应对弹道导弹攻击"等需要防卫能力发挥作用的各种事态中，检验自卫队是否能有效应对。

## 三、能力评估优先事项的确定

我国周边安全环境日趋严峻，安全议题也更加复杂多样，并呈现多层次化的特点。在这样的形势下，为构建更加有效的防卫力量，要重视基于联合运用的防卫力量能力评估，在发展方向讨论委员会上开展工作。具体上，明确现有防卫力量的"质"与"量"是否能与自卫队的职能充分对应，在想定各种事态的基础上进行能力评估，明确现有防卫力量的作用与能力的不完备、不足之处。根据评估的结果使优先事项更加明确，据此对有限的资源与预算进行重点、弹性配置，从综合及统一的视角进行真正有效的防卫力量建设。

## 四、自卫队体制发展的重视事项

### （一）强化警戒监视能力

为提高早期发现各种征兆的能力，必须扩充各种装备。研讨引进无人资产等。

### （二）应对岛屿攻击

必须切实维系空中优势及海上优势。要重点确保机动展开能力与水陆两栖功能。研讨充实与强化部队及装备的配备、联合投送，充实与强化有效利用民间运输能力及水陆两栖部队，提高后方支援能力等。

（三）应对弹道导弹和游击队、特殊部队攻击

重新研讨综合加强我国应对弹道导弹的遏制力与处置力，拓展综合应对能力。研讨同时遭受游击队与特种部队攻击时的运用基础，以及核电站等重要设施防护能力的建设。

（四）应对网络攻击

防卫网络攻击，因单一组织难以完成，因此，要研讨强化政府内部省厅间的任务分工，以及与美国等国家、民间企业的合作。并且，要研讨切实推进培养专家与采购必备器材的方略。

（五）应对大规模灾害

确保供部队大规模迅速展开所必需的投送能力，并拓展演习与训练，以万全之策应对今后可能发生的南海海沟大地震与首都直陷型地震等。

（六）强化联合

根据联合运用的重要性，重新研讨联合参谋部的职能与作用。研讨陆上自卫队中央指挥部门的设置以及各方面队的关系。研讨加强情报共享与数据传输等综合通信。

（七）强化情报职能

研讨加强包括驻外武官在内的人力情报搜集职能，扩充包含地理空间情报在内的搜集职能，从根本上强化确保并培养情报分析人才，以及引进无人机等。

（八）推进太空运用

与涉及太空监视的美国等合作，有效运用各种卫星等，深入探讨加强$C^4ISR$（*）能力的太空运用。

* $C^4ISR$：指挥、控制、通信、计算机、情报、监视、侦察。

（九）强化海外活动能力

研讨强化投送能力与通信能力，培养专业人才，充实情报搜集、安全

确保、后勤补给等各种体制，提高装备的防弹性能。

（十）积极参与保障海洋安全

继续在打击海盗等问题上维持海洋秩序，以期确保海上交通安全之万全。

## 五、防卫力量的职能与自卫队体制的发展方向

根据能力评估的结果，今后应特别重视的防卫力量的职能与自卫队体制的建设方向如下所示。

（一）确保周边海空域安全

为早期发现各种事态的征兆，必须具备可实施广域常态不间断地情报搜集、警戒监视、侦察活动的体制。

预警指挥机　E-767

图片来源：日本防卫省网站公开资料

固定翼反潜巡逻机　P-1

图片来源：日本防卫省网站公开资料

## （二）应对岛屿攻击

必须在确保空中优势及海上优势之外，加强机动展开能力，并在万一岛屿被占领时能够登岛、夺回并防守。

战斗机　F-35A

图片来源：日本防卫省网站公开资料

亲潮级潜艇

图片来源：日本防卫省网站公开资料

参加美国联合演习"黎明闪电"的场景

图片来源：日本防卫省网站公开资料

### （三）应对弹道导弹攻击

为强化可防护我国全境的能力，必须加强快反态势、实时应对能力及可持续应对能力，根据多层次防护态势持续应对。

弹道导弹防御

"宙斯盾"舰

图片来源：日本防卫省网站公开资料

"爱国者"导弹防御系统

图片来源：日本防卫省网站公开资料

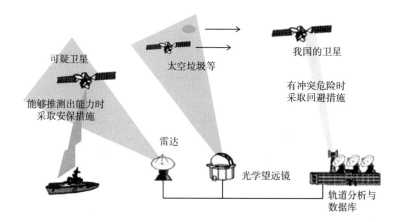

可疑卫星

太空垃圾等

我国的卫星

能够推测出能力时
采取安保措施

有冲突危险时
采取回避措施

雷达

光学望远镜

轨道分析与
数据库

太空态势感知系统图示

## （四）应对网络空间及太空安全威胁

包括各种事态发生时，必须确保网络空间及太空的稳定运用。

## （五）应对大规模自然灾害

必须扩充迅速展开足够规模部队的初期应对能力与长期应对能力。

# 网络安全战略

内阁会议

2015 年 9 月 4 日

根据《网络安全基本法》（2014 年第 104 号法律）第十二条第一款之规定，单独制定本网络安全战略如下。

## 一、本战略制定的目标

从 20 世纪后半期到 21 世纪初，世界发生了不可逆转的巨大变化。正如谷登堡发明的活字印刷术引发了知识爆炸一样，由于计算机、网络的发明和普及，人们可以不受场所、时间的限制，与世界上任何地方的人进行交流，分享想法。通过信息通信技术，无数计算机、传感器、驱动装置被联入网络，由此创造出的网络空间，将人们在实际空间中的行动大大扩大了。世界各地通过网络空间发送信息，以及基于这些的自由广泛的议论，是世界自由主义社会和民主主义社会的基础。而且，这一数字空间持续孕育出新的商业形式和技术革新，成为经济增长的新边疆。

但是，在网络空间这一新领域中，恶意行为也正在蔓延。例如，个人、企业、组织的信息财产屡次被窃取。政府机关和事业人员为人们日常生活、经济活动提供必不可少基础，他们被网络攻击暴露信息，遂行业务和继续工作也受到威胁，这些对我国安全的威胁都正在增加。现在，为应对这一威胁，人类和企业的想法和创意的结晶——知识的衍生物，必须维持信息自由、人民安全和安居乐业、经济社会的繁荣与和平，为民主主义提供支撑。

在这样的背景下，2014 年 11 月，我国制定了网络安全基本法。该法律将网络安全的概念赋予法律意义，在明确国家、地方公共团体的职责的同时，在与网络安全相关的政府机构中设置网络安全战略本部，并赋予其对国家行政机关的劝告权等权利。政府基于该法律的规定制定了本网络安全战略。

本战略着眼于 2020 年召开的东京奥运会、残奥会，明确了从目前到 21 世纪 20 年代初的 3 年左右的政策方向。本战略在对国内外明确我国网络空间方针的同时，通过实施本战略，努力创建"自由、公正、安全的网络空间"。此战略也有利于"持续提升经济社会活力""保障国民安全和建设国民安居乐业的社会""国际社会的和平安定和我国的安全保障"。

本战略是基于上述目标，在获得相关人员的共同理解和行动的基础上制定的。

## 二、对网络空间的认识

### （一）网络空间的优点

网络空间是一类人为创建的空间，在网络空间中能够"跨越国境自由发表观点，任何地方产生的知识成果和变革都能够产生无限的价值"。网络空间的迅速发展主要依靠民间主体的投资和智慧的集中，任何人都能无差别地加入，因此有很多人使用。现在网络空间已经成了不可或缺的经济社会的活动基础。

但是，由信息通信革命引发的"地壳变动"，目前还处在黎明阶段。近年来，传感器装置等硬件不断发展，高速低廉的互联网不断普及，大数据分析技术不断进步。在此背景下，不仅是计算机，家电、汽车、机器人、智能电表等各种各样的物品也开始接入互联网。随着这种情况不断发展，网络空间信息的自由流通和数字的正确传输，使得存在于实际空间中的物和人超越了物理制约，形成了多层次的连接。因此，实际空间和网络空间的深度融合，也就是"互联互通信息社会"正在到来。互联互通信息社会是创造新型服务的社会，是使新价值能够呈几何倍增长的社会。

经济社会活力的持续提升，网络空间带来的可持续发展益处，都是在自由公正的网络空间基础上成立的。

（二）网络空间威胁的严峻化

网络空间在给人们的生活带来便利的同时，其带来的损害人们利益的活动也在增加。由于任何人都能不受时间、场所的限制，很容易地参与到网络空间中来，恶意的攻击者对比防御方有着非对称的优势地位。而且，经济社会对网络空间的依存度增高，疑似以国家为攻击对象的组织使用极高明的攻击手法，使国民生活和经济社会活动遭受重大灾害和影响。恶意攻击对我国安全保障构成的威胁也在逐年增高。

随着互联互通信息社会的到来，恶意攻击正在波及商品和服务。网络攻击给实际空间带来的损害正在迅速扩大，可以预计今后对国民生活的威胁也将更加严重。

为了规避这些严重的威胁，必须构建"自由公正的网络空间"和"安全的网络空间"。

## 三、制定本战略的目的

基于《网络安全基本法》① 和对以上现状的认识，本战略的目的如下。

---

① 《网络安全基本法》(2015 年第 104 号法律) 第一条：随着互联网和其他高水平信息通信网络日益完善、信息通信技术飞速发展，全球规模的网络安全威胁日益严峻，加之其他国内外形势深刻变化，确保信息的自由流通和网络安全已成为迫在眉睫的课题。鉴于这种情况，我国就网络安全的相关政策，确定了基本政策理念，明确国家和地方公共团体的职责，确立了网络安全战略和网络安全相关基本政策，设置了网络安全本部。通过上述措施，与已经实施的《构建高水平信息通信网络社会基本法》(2000 年法律第 144 号) 相结合，全面有效地推进网络安全政策，以此来推动经济社会活力提升和可持续发展，建设国民安居乐业的社会，确保国际社会的和平安全和我国的安全保障。

目的：创建和发展"自由、公正、安全的网络空间"，以"持续提升经济社会活力""构建国民安居乐业的社会""实现国际社会的和平稳定和我国的安全保障"。

## （一）网络空间的建设目标

网络空间有利于确保国民的表达自由，促进技术革新，提升经济社会的活力，因此，必须保障网络空间是一个不受非必要管制的自由空间，任何想要加入该空间的主体无正当理由不应遭到歧视和排斥。

另外，网络攻击会导致信息、财产遭窃和社会系统功能瘫痪。为防止国民生活和国际社会受到威胁，不论是个人还是组织，都应该深化对网络安全的认识，通过各组织之间的合作和自主努力，来共同构建能够应对威胁的安全网络空间。

我国将为创造、发展上述的"自由、公正、安全的网络空间"做出最大努力。

## （二）本战略涉及的政策领域

在互联互通信息社会中，网络空间的各种活动和现实空间的活动密切相关。构建和发展"自由、公正、安全的网络空间"，才能使生活在现实社会的个人过上安全富足的生活，使企业的生产活动充满活力，也可以确保国际社会的和平稳定。

在全社会迎来历史性变革时期，我国形成了保障国民权利和安全、确保我国经济社会发展和国际秩序形成发展的理念。在此理念指导下，我国提出"提升经济社会活力和持续发展""建成国民安全和安居乐业的社会""实现国际社会的和平安定和我国的安全保障"三个领域的政策目标，着眼于上述三个目标，推进网络安全战略。

毋庸置疑，我国的经济成长、危机管理、安全保障都依赖于经济社会体系的健康运行，因此，应对社会经济体系承受的重大威胁是我国面临的重大课题。我国政府历来的方针是，通过确保网络安全，促进网络的有效利用①，巩固发展战略②，确保我国安全保障的万无一失③。

（三）本战略中日本应采取的姿态

我国有到 21 世纪 20 年代初建成高科技社会基础设施的建设计划，该计划的主要特点是汽车无人驾驶系统和智慧社区。另外，在预定于 2020 年召开的东京奥运会、残奥会中，确保支撑大会的各种系统的安全是大前提。这是日本对外显示本国优势的重要机会。今后是一个信息通信技术与商品服务相结合，相渗透的时代。多年来我国培育的优势是，制造出让国内消费者和世界消费者信赖的高品质、高新技术的产品和服务，并将这些有机地统合起来，构筑出一个安全、安心的社会体系。我国需要重新审视已培育出的优势品牌在世界的认可度，并将此作为提升我国竞争力的抓手。这种情况下，为了有效利用与现实空间相融合的网络空间，有必要采取措施，有效应对潜藏在便利性中的威胁，并进行能够创造出高附加值的"投资"。这些积极的"投资"有助于提升我国在国际社会的信誉度，还有助于把我国建设成为更加富裕的社会。

## 四、基本原则

为达成本战略的目的，在制定和实施政策时，要遵循以下的基本原则。

---

① 《构建世界最尖端信息技术国家宣言》（2015 年内阁决议决定）中指出，日本在建设世界最高水平的信息技术社会的过程中，必须强化网络安全，这不仅对国家安全保障和危机管理是不可或缺的，而且对通过灵活运用信息技术和数据强化日本的产业竞争力也是不可或缺的。

② 《日本复兴战略》2015 年改定版（2016 年 6 月 30 日内阁会议决定）中提出"确保信息应用技术安全是实现日本发展战略的前提"。

③ 《国家安全保障战略》（2014 年 12 月 17 日国家安全保障会议、内阁会议决定）中指出，信息的自由流通带来了经济成长和技术创新，其形成的必要场所是网络空间，因此，从确保我国的安全保障的角度来说，网络空间的防护是必不可少的。

（一）确保信息的自由流通

网络空间是新兴创意和想法的天堂，确保内部信息的自由流通是发展的基础。因此，我国认为应该创建和维持信息能够安全地传输给目标接受者的网络空间，传输过程中，信息不会受到非法的检查和更改。

在研究网络空间的法规的时候，要最大限度地尊重信息的自由流通，也考虑个人隐私，需要充分考虑法规实施和隐私确保之间的适当平衡。因此，具备不随意损害他人的权利和利益的意识和良知，是保证网络空间信息自由流通的前提。

（二）法治

在互联互通信息社会中，网络空间与现实空间一样，也需要贯彻法制原则。这是网络空间向所有人平等开放，作为安全、可靠的空间持续发展的必要条件。国内网络空间中推行着包括法令在内的法规和规范。同样，在国际法等国际性法律法规的领域，也需要确立适用于网络空间的国际法规。随着网络空间的继续扩大，世界上加入主体的不断增多，急需建立基于自由和民主主义等普世价值的国际法规和规范，以便维护国际社会的和平与稳定。为在国际上确立和实践这些法规规范，和各国基于不同国情切实导入这些法规规范，我国积极贡献自己的力量。

（三）开放性

网络空间不应被一部分的主体据为己有，而应该对所有想参加的人开放。在这种开放的网络环境下，开放、共享和创意、知识相结合，就会给世界创造出新的价值。而且，不能为了少数人的利益，就拒绝大多数人利用网络空间。

（四）自律性

很长时间以来，网络空间是在各种参与主体自律管理下发展起来的。虽然网络空间的威胁是一个应该由全国来应对的课题，但网络空间秩序的维持完全由国家来包办，是既不可能也是不适宜的。从实现网络空间的创造性和秩序性二者并存的观点出发，我国尊重网络的自律性，以参与者自主的行为管理为基础，努力推进抑止恶意行为的自律机制的构建和运用，使与网络空间相连的各社会系统充分发挥功能，遂行任务。

（五）各类主体的合作

网络空间是一个由各阶层的各类主体的活动构建而成的多维世界。因此，需要政府部门、重要基础设施从业者、企业、个人等网络空间利益相关方共享网络安全前景，努力完成各自的职责。政府有责任促进这些利益相关方建立适当的相互合作的关系。在构建这种协作关系时，要针对网络攻击日益严峻化，要采用动态对策，实现双向、实时的信息共享。

以上原则应该反映到与国民的安全、安心、我国的安全保障观点相协调的政策中，而不是对恐怖主义和其他威胁和平的行为及支援它们的活动听之任之。我国在坚持以上的5个原则的同时，为保障国民的安全、权利，会采取政治、经济、技术、法律、外交和其他能采取的手段。通过维护国民的言论自由和隐私，适时适当执行法律、完善制度抑止恶意行为，来保护国民权利，回应国民对网络安全政策的期待。此外，实现全世界的依法治理，不仅能使全球市场安定，激发改革活力，还体现了恶意行为不被国际社会容许的意味，有利于我国的安全保障和世界的和平繁荣。

## 五、为达成目标而制定的政策

为达成本战略目标，基于上述的5项基本原则，在战略涉及的政策领域，提出今后3年应该执行的各项政策目标和实施方针。推行各项政策要尽可能地遵循以下三种模式。

一是从后手到先手。网络攻击者常常变换攻击手法。我国不应该受到危害后再去应对，而是事先采取必要的应对措施，分析今后的社会变化和可能发生的风险，认识到网络空间自身在结构上存在脆弱性，先发制人采取必要的政策。

二是从被动到主导。为实现上述第一个目标，在政策上要立足于网络空间以民间机构为主体来构建和运营的事实，注重激发这些主体的自发意识和主导意识；要体现我国作为国际社会有责任的一员发挥的主导性作用，以及为全球网络空间的和平与安全做出积极的贡献。

三是从网络空间到融合空间。所有的物和人通过信息通信技术实现多维连接，现实空间和网络空间的高度融合。我们应该充分考虑网络空间的各类事务与现实空间相叠加对社会造成的影响。我国目前正处在向迄今为止从未经历过的连接融合社会迈进的进程中，在推行各项政策时，要认识这一现实，并准确把握这种变化。

## （一）提升经济社会活力及可持续发展

互联互通信息社会正在到来，电脑以及家电、汽车、机器人、智能计量表等所有物品都连接上网。利用由此产生的大数据实现新服务的物联网系统（以下称"IOT[①]"系统）正在普及。由于物联网系统的普及会加深网络空间和现实空间的融合，可以预见，企业未来的发展方向是利用物联网系统创造出新的商机，升级已有商业模式。因此，我国切实抓住此次商业契机，对于提升我国经济社会活力，促进可持续发展是极其重要的。

企业通过物联网系统向市场提供新服务的前提是保证"安全品质"，满足个人、企业对该服务期待的安全要素。例如，网络攻击会导致与现实空间密切相关的风险，诸如产品和服务受到了不符合意愿的远程操控，个人信息从操作终端失窃等。由于一次网络攻击从相关方的数据库流出数百万、数千万的个人信息，这种对经济社会有重大影响的风险，都会从根本上损害服务的信誉和品质。因此，与物联网提供服务的效果相比，把安全

---

① 物联网的简称

风险降低到能够容忍程度，将成为今后全社会的课题。

在互联互通信息社会中，我国企业通过创立新的商业模式和高度实现现有的商业来牵引我国经济成长。为最大限度发挥社会优势，对以上课题，产学官一体，率先采取对策是很必要的。而且，正因为处于这样的时代，我国通过发挥长年培育的高品质服务的优势，依赖于利益相关方信赖的企业经营，提升支撑这些的公正的市场环境，来实现更高水平的安全，这些是企业价值和国际竞争力的源泉。

因此，关于实现互联互通信息社会新服务的物联网，企业经营以及支撑它们的网络环境，将采取以下的战略方法。

1. 创建安全的物联网

为确保物联网系统高水平的安全品质，产学官三方要联合进行投资，灵活利用物联网。这对于确保 2020 年东京奥运会、残奥会的成功举办，我国企业利用物联网创造出新型商业模式和新增就业岗位来说是不可或缺的。

因此，到 2020 年，为建立起适应市场需求的安全的物联网，我国以提高本国物联网的国际评价为目标，拟采取以下措施。

（1）利用安全的物联网振兴新兴产业

为使与物联网相关的新兴产业获得成功，必须确保高水平的安全品质。但是，将安全放置于附属地位，就不能使物联网获得真正的安全，甚至成为风险大幅增加的重要原因。因此，包括已连接的系统在内，从物联网的设计计划阶段就要开始加进网络安全的设计理念。具体来说就是，物联网相关产业要基于安全设计的理念，跨部门推进安全政策，张弛有度地积极振兴新兴产业。

（2）完善物联网安全相关体系和体制

为提高经济社会活力，保证经济社会持续发展，很重要的是使物联网相关大规模产业，通过产学官主体的适当联合，掀起商业革新。因此，必须要基于安全设计的理念来推进产业发展。为实现相关主体间基于信赖的合作和各主体自律的协同，必须要达成安全对策相关的目标、方法、期限等，以及明确各主体的任务。

例如高信誉度的智能运输系统的开发和实现，都与府省厅、产业界、研究机构等很多产学官主体有关。智能运输系统引入带来的益处的同时也不可避免地带来风险。相关主体要对益处和风险进行客观评估，在应采取的安全对策、装配方法、期限等方面达成共识，明确各自任务。通过这些方式，就能加速基于相关主体间相互信赖的合作，促进各主体自律地协同采取对策，有效促进高附加值产业的发展。

因此，我国发展物联网相关的大规模产业，对经济社会影响巨大。考虑到这一点，网络安全战略本部为采取跨部门的对策，进行必要的计划、立案和综合调整，通过相关府省厅和相关机构间有机地、一体地协同运作，促进所有必要工作无遗漏地实施。

（3）完善物联网安全相关制度

为使市场期待的高度安全的物联网适时运营，需要全市场的供应链都采取适当的对策。也就是说，相关主体需要就物联网和各构成要素的安全对策形成共同的认识基础。在新的物联网系统积极投入市场之际，企业如果设有安全性和可靠性方针的话，就更容易挑战新的商业模式。因此，随着产学官联合，在包含物联网构成要素 M2M（机器对机器）和耐用末端机器在内的能源、汽车、医疗方面，要完善政府物联网安全综合政策和基准。

再者，为提供安全的物联网，要尽早针对网络空间产生的技术问题，研讨修订方案和适用措施。因此，相关人员要协作调查物联网和构成机器的脆弱性，敦促供应商修订、研讨和构筑用户友好型的实际对策。此外也要综合分析在物联网的使用阶段掌握的安全品质和安全威胁的相关信息，并反馈给物联网开发人员，促进其提供更安全、更高品质的服务。

（4）物联网安全相关技术的开发和验证

以往的信息通信机器从设计到废弃的周期很长，处理能力受限。为灵活利用物联网创造出新的商业模式，要应对不可靠的廉价机器带来的风险，要基于与此不同的物联网构成要素的特征开发确保安全的技术。因此，要进行信息通信技术的开发和验证工作，包括研究物联网构成要素的特征。

各种各样的物品和网络连接构成物联网系统，并提供高附加值的服务，所以确保全系统的安全是必要的。因此，要进行技术开发和实际验证工作，构建测试环境，开发，分析评估全系统面临风险的新手段，验证 IC 芯片等硬件设备的可靠性，推进包含社会的科学研究在内的物联网应对措施的研讨。

2. 推进具有网络安全理念的企业经营

互联互通信息社会的企业经营，已有的确保网络安全的做法自不必说，即便是为了营造新的商业机会，也要比之前更适当地把握安全风险，判断与经营资源相关的投资，推进产品和服务的安全功能，培养安全人才，提高组织能力。

因此，为使安全理念渗透到我国的企业经营，我国企业应采取以下措施。

（1）经营层的意识改革

企业的经营层认识并灵活运用作为事业基础的系统和经营机密的价值，对于企业经营来说是不可缺少的。而且，在将高度安全的产品、服务投入市场和判断经营商机的时候，网络安全相关的素养正在成为企业经营层必备的能力。必须要有更多的企业经营人员认识到这样的社会变革。"确保安全的对策不是必须支付的'费用'，而是对更加积极经营的一类'投资'"——企业经营人员形成这样的认识对于提升我国经济社会活力，促进经济社会持续发展是必要的。因此，网络安全作为经营上的重要课题，要采取措施使市场和投资者等利害相关方对其进行正当的评价，在资金筹措等财务方面要采取有力的措施，引导政府和民间形成共同的认识。

此外，各企业为确保网络安全，有必要在经营层中设立安全管理最高责任人。因此，要促进官民联合，以在各企业中切实确立首席信息安全执行官（CISO：Chief Information Security Officer）的地位。

（2）培育能提高经营能力的网络安全人才

为了能在企业经营中灵活运动网络安全的思考方法和能力，经营层和实际工作者层必须要共享关于网络安全的课题和解决的方向性。因此，要培养充当与实际工作者交流桥梁的人才，他们要既能够理解经营层的经营方针，又能对实际工作者进行网络安全相关理念的提示。

还有，在企业经营和战略事业方面，确保网络安全的措施必不可少。相应的，企业内培育网络安全人才的必要性也逐渐提升。因此，针对"负责网络安全的实际工作者层，中间层，负责包含网络安全风险在内的企业风险经营的经营者层"这一职业晋升路径，需要对长期人才培养和人事评价的方法进行讨论。

（3）提升组织能力

在互联互通信息社会，在商品、服务中加入安全因素有助于增强企业竞争力，是企业维持和发展的基础。因此企业中商品服务工作人员要将"设计安全"作为共同认识。此外，从保护经营机密和事业持续发展的观点来看，立足风险分析进行组织运营，将有效促进经营活动。跨越组织壁垒的整个供应链也需要提升安全措施。

甚至，在提升企业对严重事业风险——网络攻击事态的应对能力方面，具有检验、应对突发事件窗口能的 CSIRT（Computer Security Incident Response Team）。由于 CSIRT 的设置·运用、完善快速应对·修复的计划和工具、演习的实施、对外说明功能的强化等很有作用，所以要努力发展这一措施、促进其切实完善。

另外，关于经营层领导下的体制完善，最新网络攻击手段和灾害状况信息的有效对策和信息公开的方法等，根据网络安全经营指针对企业发送信息，基于这些确立通过第三者认证的客观评价方法。为了共享对策课题、有效应对方法、最新威胁信息和突发事件信息等，具备网络安全知识的独立行政法人和 ISAC 等针对突发事件进行信息共享和分析的机构要充分利用信息共享平台，进一步扩充民·民间、官·民间的信息共享网络。

3. 完善安全相关的商业环境

为确保我国运用物联网①等信息通信技术的相关产业具有较强的国际竞争力，在牵引我国经济发展的同时也拥有自主保障网络安全的能力，除了完善我国网络安全相关产业高速发展的必要环境之外，还要完善所有商业的基础——公正的市场环境。因此，将采取以下措施来完善网络环境，保障我国的企业安全和国际竞争力的基础。

（1）振兴网络安全相关产业．

随着物联网等相关产业的发展，可以预计，今后咨询和人才培养等网络安全相关产业的需要将会进一步增加。因此，我国网络安全产业应抓住这些需要，成为有发展前途的产业，通过培育大型跨国企业和风投企业来振兴网络安全相关产业。

首先，为振兴网络信息相关的全球信息收集网，以及提供和分析这些信息的产业，通过灵活运用政府资金，向网络安全领域进行大规模的集中投资，来确立我国网络安全相关产业的先锋队。

其次，中小企业很难单独建设网络安全环境，有效的是灵活运用确保安全的云服务，因此，要促进云服务相关的安全监察措施的普及。

再次，在变化剧烈、需要灵活性的网络安全方面，挑战创新事业和技术开发领域的风投企业占有很重要的地位。因此，在网络安全方面，要促

---

① 是指机器和提供服务等物联网相关产业

进国际风投企业之间的共同研究开发，要促进政府研究机构与风投企业的共同研究开发，要培养能够灵活利用研究开发成果的风投企业。

此外，必须灵活地研讨如何完善网络安全相关产业的振兴制度。例如，在著作权法方面，应该就安全目的逆向工程①适法性的明确，和所需的制度的完善进行研讨。

（2）完善公正的商业环境

由于技术革新不断发生，为构筑与企业收益相关的经济系统，必须确保企业的主干技术、制造技术等技术情报的价值。因此，为防止企业的知识财富外泄，强化知识和财富受到侵害时的措施，要实施法律的完善、启发活动、实践训练、演习等等。还有，要在国际合作下，严格应对以安全为由对国际贸易规则产生不当影响的措施。

（3）完善我国企业的国际发展环境

为使我国的物联网和网络安全相关产业拥有国际竞争力，作为发展产业牵引我国经济，在国际规则中充分地加入我国立场，是十分重要的。因此，产学官联合主导国际议论之外，要推动我国的有效的方案的国际共享，以此来促进包含控制装置在内的国际物联网安全标准和国家间共同承认的评价认证制度的形成。

此外，我国物联网和网络安全相关产业要在国际上有所发展，不可或缺的就是确保物联网生成和流通数据的安全，这是该产业在海外发展的社会基础。东盟与我国有很强的经济联系，因此，要在东盟诸国协助进行必要的制度完善和普及引导活动。

加上，近年来，随着我国企业在民间的发展，针对所有供应链风险②的对策也变得重要起来。因此，要实施针对供应链风险的对策，例如推进

---

① Reverse engineering。解析和分解软、硬件,明确其构造、式样、目的、重要技术等内容。

② 机器(包含 IC 芯片)和在系统的设计、制造、调配、设置、运用阶段的风险,在这些阶段包含病毒在内的恶意程序。

必要的研究、开发和与东盟诸国的合作。

（二）建成国民安全、安居乐业的社会

最近，网络空间对国民个人信息财富等现实生活要素带来恶劣影响的事例频繁发生，灾害越来越严重。今后，随着物联网系统的扩大，社会保障、税收号码制度开始使用，网络空间环境将发生更大的变化。为实现国民安全、安居乐业，在政府机关、地方公共团体、网络相关工作者、一般的企业、每一位国民等各种主体中，确保多层次的网络安全是必要的。

而且，重要基础设施、政府机关的功能和服务，成为支撑国民生活、经济社会活动的基础。一旦出现故障的话，有可能对国民安全和安心生活产生直接、重大的恶劣影响，所以必须采取对策以确保安全。业务负责人（任务负责人）应该从系统责任人和重要基础设施、政府机关的功能和服务的观点来分析、讨论风险，应该基于将存在的风险信息提供给经营者的"功能保证"的方法来采取措施。

面临 2020 年东京奥运会、残奥会等国际性大会，我国一方面受到世界瞩目，另一方面也成为恶意者实施犯罪的对象，可想而知，受到网络攻击的风险也会增高。我国紧密联合各相关主体，在树立国家威信这一点上，共同推进对策。而且，由此得来的知识和技术会作为支撑国民安全、安心的财富，今后也应持续发展下去。

在这样的认识下，应对网络空间的威胁，以此实现国民安全、安居乐业的社会，要实施以下措施。

1. 守护国民和社会的措施

为使国民、社会不遭受来自网络空间的威胁，使网络空间环境变得安全，持续、安全、安定地提供构成网络空间的机器和服务是不可或缺的。而且，作为利用者的个人、企业、团体提高自身的意识和能力，主动地采取对策的努力是必不可少的。加之，为了使网络空间肆虐的威胁不起作用，有必要进行事后追踪，防止再发和积极强化对今后产生的犯罪和威胁的对策。

（1）构建安全、安心的网络空间利用环境

构成网络空间的机器、网络、应用程序等要素，是由末端制造、网络数据提供、网络管理、软件开发等民间企业为中心提供的。再者，应对网络空间风险的工具，也是以民间为中心提供的。

这些网络相关事业者，自己提供所有的产品和服务，并不单纯只追求便利性，也认识到自己有排除网络脆弱性的责任。从系统的策划、设计阶段开始，就要加入确保安全的理念，与此同时，还要站在使用者的立场进行适当的说明。而且，国家和相关机构紧密联合，提高对网络攻击相关漏洞的认知解析能力，同时，唤起一般使用者的注意。

因此，国家收集软件的脆弱性，并推进网上各种网络攻击观测系统的联合和强化。

而且，为了保护使用者不遭受恶意软件感染，规避脆弱的终端成为网络攻击踏板的危险，完善用户能安心享受网络便利的环境，除了唤起遭受攻击的使用者的注意以外，还采取措施将感染引起的灾害防患于未然。

还有，虽然以公众无线网为首的面向 2020 年访日游客的网络通信环境正在完善，但是，不仅要针对便利性问题，还要针对采取充分措施维护网络安全的问题，进行必要的对策研讨。

（2）推进网络空间利用者的组织

在计算机、智能手机等设备利用互联网这个方面，将安全意识充分渗透到全体国民的脑中是很难的。近段时间以来风险逐渐复杂化、多样化，没有网络安全意识的使用者不仅自己遭受到危害，也有可能自己成为施害者。

面对这一情况，为支援国民使用者的自主努力，国家与各种主体相互联合，从"网络安全月报"开始，推进非法程序和恶意软件应对方法的普及引导活动。尤其是，对于接触网络空间的青少年和监护人，应该把重点放在包括信息道德教育在内的引导活动上。对于不属于企业、学校等组织，且很少有机会学习网络空间威胁和对策的人，要积极推进引导活动。对于能够应对网络使用的麻烦和不安的人才，要继续切实地推进人才培育的措施。

此外，在政府和相关机构向全体国民进行的普及引导活动中，由于国民的年龄层、所属机构、生活方式不一样，会有不同的要求。为细致地应对这些要求，需要推进以地区为主体的普及引导活动。因此，要有机联合产学官民等主体，促进地区层面的产学官民一体的普及引导活动。对各级组织的"草根"活动，国家要积极进行支援。

为确保国民的安全安心，对个人的引导活动自不必说，针对实施各种经济活动的民间事业者和团体，直接面对住户进行行政服务的地方公共团体，处理大量学生、幼儿和监护人信息的教育机构等政府机构，组织网络安全引导活动也是很重要的。特别是，像中小企业和地方公共团体那样的、难以采取充分对策的组织，要与国家、相关机构、业界团体等相关人员合作，召开研讨会，选定和普及对策纲领，完善最新攻击手段等信息共享体制，进行实践训练和演习等。

（3）对网络犯罪的对策

随着网络空间和现实空间联系的加强，诸如使用网络金融来收贿受贿，通过目标攻击进行信息窃取，网络诈骗等造成国民和企业的受害事件也很多。此外，个人信息、机密情报泄露的犯罪不断出现，已然成为社会问题。为应对网络空间今后出现的新手段，把握网络恶意犯罪的态势，在依据法令适当取缔的同时，也要提高对犯罪行为的联合搜查能力。

因此，为把握网络空间威胁的态势，要增强国家的情报搜集能力，要提高网络犯罪的调查能力，强化取缔、国际联合等体制。高科技知识对搜查、取缔和防止灾害扩大来说是必不可少的，因此，要提高对非法程序的破解技术，通过高度观测互联网，强化信息技术的破解体制，推进必要的技术储备。要切实推进人才培养和技术开发。要积极灵活地运用民间知识，以官民间的人事交流为首，强化官民联合，调查和防患网络犯罪。

确保网络犯罪的事后追踪的可能性，需要网络相关工作者的帮助。因此要采取适当举措实施这些活动。特别是，在保存通信记录的方法方面，基于修订《关于电气通信事业个人信息保护的纲领》① 的解说，要推进针对相关事业者的适当政策。

2. 保护重要基础设施的措施

国民生活和经济活动是由各种各样的社会基础设施来支撑的，信息系统广泛使用以实现社会基础设施的功能。特别是信息通信、电力、金融等服务产业，在它们停止运行或运行效率低下的时候可能会产生很大的影响。它们作为重要的基础设施，有必要官民联合进行重点防护。这时候，民间企业并不完全依赖于政府，政府也不完全将工作交给民间企业，而是要进行紧密的官民联合。而且，由于重要基础设施需要提供持续服务，因此，在防护方面，除了尽可能减少提供服务的信息系统受到网络攻击的危害外，灾害发生的早期检测和灾害发生后的迅速修复也是很重要的。

因此，政府制定了《重要基础设施信息安全对策第三次行动计划》②。该计划专用于重要基础设施领域③，以完善和渗透安全标准，组织训练演习，强化官民信息共享体制等。

这些已有措施，对我国重要基础设施的防护起到了一定的作用，要继续推进。重要基础设施的社会环境和技术环境在时刻变化，如果只是漫不经心地采取原有的措施，就会使得其丧失效果。因此，要继续改进如下措

① 2004 年 8 月 31 日总务省第 695 号通知。关于属于通信秘密的事项和其他个人信息新的正确处理，通过制定电气通信从业人员应该遵守的基本事项，在提升电气通信服务的便利性的同时，以保护使用者的权利和利益为目的。

② 2014 年 5 月 19 日信息安全政策会议决定。2015 年 5 月 25 日网络安全战略本部改订。

③ 信息通信、金融、航空、铁路、电力、燃气、政府·行政服务(包括地方公共团体)、医疗、水道、物流、化学、信用和石油 13 个领域。

施，总结强化安全的具体举措。此外，虽然重要基础设施事业者和管理省厅制定了强制标准和纲领等安全基准来防护网络攻击，但重要基础设施需要一定的专业方法来维持服务和安全水平，所以要根据近来网络空间环境的变化，不断改进安全标准。

（1）不断改进重要基础设施的防护范围

由于社会环境的变化和已有知识的积累，即使在目前未设置重要基础设施的领域，信息系统带来的危害也会产生很大的影响。因此要重新设置重要基础设施领域。新领域没有必要与已有领域采取同样的应对方法，而且，由于新领域不断增加，很难对所有领域都采取一致对策。因此，应该采取相应措施来分担重要基础设施的风险，提供领域间相互依存的服务，并根据各领域的特性和特殊从业方法的有无来采取应对措施。

另外，即使在已有的重要基础设施领域，确保其提供服务的也不是工作人员提供的一个个"点的防护"，而是必须要确保该领域全体的"面的防护"。因此，将目前对主要从业者采取的措施扩大到中小从业者和为重要基础设施从业者提供服务的间接外部委托者等周边事业者身上，在各领域内继续调整"重要基础设施从业者"这一措施实际作用的对象。

而且，网络攻击并不只针对重要基础设施领域，因此有必要将重要基础设施领域以外的民间企业也作为对策实施的对象。特别是，不论重要基础设施的定义如何，对于我国的代表企业和与核防护相关的重要安全保障企业，都必须要完善信息共享体制。

（2）迅速有效地实现信息共享

随着网络攻击复杂化巧妙化，为切实对抗多种威胁，官民共享网络攻击可能性的危害信息是很重要的。随着信息共享的日益灵活，重要基础设施从业者在提供信息的时候，必须排除有损自身信誉和评价的心理障碍，并切实感受到提供信息的好处。因此，实施信息共享时，应进行一些适当的加工，比如说提供源的保密和共享范围的设定等。同时，要构筑起不会因提供信息产生负面因素的环境。信息集约方面，在拥有充分分析能力的基础上，用户提供信息时适时适当地进行提醒。构建收集、分析、共享信息的基础平台，实现双向的高度信息共享环境。通过以上这些措施，重要基础设施从业者就能快速获得网络攻击防御的必要信息。

为面向 2020 年的盛会构筑起世界瞩目的网络攻击应对体制，需要更有效、更迅速地进行信息共享。因此，对应对网路攻击威胁来说，小规模的危害和预兆信息是有效的。基于这样的认识，根据业界法律规定，报告的对象不只是一定规模以上的危害，进行小规模危害信息的收集虽然是相关人员的共同理念，但内阁网络安全中心和所管省厅也要紧密联合积极参与。此外，通过在内阁网络安全中心和重要基础设施从业者之间搭建热线，改良信息共享的方式和顺序，推进自动化处理等措施，完善迅速共享信息的体制，提升集约内阁网络安全中心的必要信息等政府机关内的合作。

重要基础设施从业者将网络攻击向案件应对省厅通报的情况下，政府机关协同支援重要基础设施事业者时，要注意辨明实际状况。为防止灾害扩大，政府机关和重要基础设施从业者之间要积极共享关于网络攻击的信息。

为保证这样的信息共享体制具有实效性，要打破官民壁垒，继续组织和完善相关人员进行演习和训练。

（3）对各领域个别事件的支援

网络安全基本法上，地方公共团体需要独自履行职责，也需要网络安全战略本部的帮助。因此，虽然存在各种规模的团体，但从保障信息机密性的角度来看，使其保持与政府机关相同的安全水平是很重要的。随着社会保障、税收号码制度引入，新系统逐渐完善等一系列环境变化，为确保网络安全，政府要基于网络安全基本法对地方团体实施必要的支援。同时，也要就强化地方公共团体信息系统的社会保障、税收号码制度安全，研讨必要的对策。而且，社会保障、税收号码制度法中，需要采取必要措施使个人号码事务系统构筑起与互联网不同程度的安全对策。与此同时，相关机构也要相互协作，完善专门技术知识的监督体制。而且，对于联合·持续俯瞰国家·地方全部相关体系的监视检查体制，要基于政府机关信息安全的联动监控即时调整措施，完善突发事件的迅速搜索监控体制。此外，要以社会保障、税收号码制度为契机，促进网络环境完善，既提升政府内部和官民认证合作的便利性，又确保安全，以保持二者的适当平衡。

而且，以电力领域的智能计量表和化学、石油领域的工厂生产系统为代表，因为控制系统与信息通信技术网络不匹配，信息系统中还存在确保安全和持续提供服务的问题。

为完全确保控制系统的安全，通过信息安全来切实保障安全与提供持续性服务是密切联系的，我们有必要重新认识这一点。还有，随着使用泛用制品和引入标准协议等技术开放化和网络开放化的发展，在广泛置换现有机器外，对控制系统脆弱性和不法存取问题的应对也成为当务之急。立足于这样的特性，我国的控制机器、系统的脆弱性信息和网络攻击信息等有利信息，与非控制系信息共享体制整合而成的信息共享体制，对信息进行收集、分析、展开。还有，因为控制系统的调整运用需要高度的专业性，所以要积极推动安全要素进行适当、客观的判断，以及灵活运用国际接轨的第三者认证制度。

3. 保护政府机关的措施

在政府机关中，通过制定和运用政府机关的统一标准来确保网络安全，在提升政府机关全体应对水平的同时，将新出现的危机和问题也逐渐反映到政府机关的标准上。

一方面，到2020年，对政府机关的网络攻击将更加复杂、巧妙，信息技术相关产品服务更加多功能，可以预计，社会环境的变化将进一步加速，有必要提前设想急剧增加的威胁和即将面临的新课题。而且，现在构建的信息系统中含有到 2020 年还在使用的设备，要保障这些设备到那时还能安全使用。大多数网络安全中心的对策不会短时间见效，因此，制定新的威胁和问题对策的态度应该是，必须要考虑到 2020 年该对策无法确保网络安全的可能。

基于以上这些，在政府机构，面对已然现实存在的威胁和课题就不用说了，在面对未知的威胁时，要采取灵活迅速的应对措施，以确保既有对策的继续实施为前提，重点对以下事项采取措施。同时要将这些措施适时反映到政府机关统一的标准上，通过监督检查和平时教育等方法确保这些措施的彻底落实。

（1）强化以攻击为前提的信息系统的防御力，推进多层次的对策

为应对窃取、破坏、篡改信息的目标明确的网络攻击，所有政府机关，需应该要设想攻击方以其他机构为踏板的情况，采取以直面攻击为前提的多层次对策。还有，在推进这些对策的过程中，要根据来政府机关统一的标准执行，参照行政机构职责来进行风险分析，寻求对整个政府机关最适宜的方案。

一是将偶发事件防患于未然。预防的对策是灵活运用已公开的软件脆弱性和已掌握的非法程序应对方法，电子署名和认证技术等。在切实实施这些对策的同时，根据形势变化迅速、灵活地进行调整。

具体来说就是，强化网络安全信息的收集、分析功能，同时，强化整个政府机关内信息共享和政府机关与外界的合作体制。从应对供应链风险等信息系统的计划设计阶段开始，推进确保安全的措施。根据形势变化，迅速灵活的调整运用中的信息系统。通过入侵测试等检查，对信息系统对策的实施状况进行检查完善。

二是防止灾害的发生和扩大。要完全避免漏洞攻击等利用未知漏洞和非法程序进行攻击和入侵的情况，是极端困难的。因此，除事先预防外，要及时掌握事态，切实、迅速地采取措施，防止的灾害发生和扩大。

具体来说，通过使用 GSOC 系统，政府的检查解析能力得以强化，各机构应对突发事件的组织体制、事态把握和应对能力得以加强，偶然事件发生时提供信息更加迅速和完善。而且，还要组织实施应对突发事件的训练、演习，将得出的教训反映到对策上。同时，还要提升工作人员的应对能力和协同合作，使其在机关干部的指挥下进行有组织的应对。此外，由于提升监控效率会降低风险，所以政府机关信息系统的网络接口要更加集约化。还要强化政府机关中调查重大突发事件原因的措施，通过共享分析结果，防止灾害扩大。同时这些措施要反映到政策改善上来。

三是降低灾害。从突发事件发生到应急应对完成期间，为减少受到灾害，要采取对策阻止入侵扩大和攻击目的达成。

具体来说，个人信息和秘密信息等机密性完整性较高的信息被泄露、篡改，会对国民和社会造成巨大的恶劣影响。为使针对这些信息的非法操作更加困难，要根据业务的内容和信息的性质、数量使用相应的系统分离和运用规则，进一步强化信息管理。此外，对系统破坏等针对可用性的目标攻击，要加速采取多重防御的措施。要确立适应风险和影响程度的应对方法，要强化有重点地区分优先度的评价方法。

（2）强化灵活的、有组织的应对能力

要能对加速变化进行灵活、迅速的应对，要提升有组织的应对能力。

具体来说就是，定期进行自查，以及从第三者观点出发的管理检查。通过这些措施来检查和完善政府机关中对策强化的体制。另外，设定基于风险评价的风险应对方针和对策水平，要立足风险评价，有组织地推进信息系统的对策和管理。比如在相关人员达成协议的情况下制定针对意外事态的紧急应对计划等。此外，由于应对未知威胁是没有固定的方法的，因此，要建设与政府机关共享案例、交换意见的地方团体。有组织地应对威胁的中心是人，因此要采取措施切实提高干部等全体人员的安全素养。要灵活运用客观标识个人能力的指标，保留和培养安全人才，以强化各机关的应对能力。

（3）针对技术进步和业务遂行形势的变化采取应对措施

通过灵活运用多功能化、多样化的信息技术产品和服务，使行政事务高度合理化，适应信息技术的时代要求，在开展行政事务的过程中，注重确保网络安全，防止发生因为利用新型信息技术产品和服务不恰当而引发突发事件的情况。

具体来说就是，收集政府机关新型产品和服务的引入情况和对策情况，同时，基于这些服务的特性制定和推进政府统一的对策。相关机构紧密协作，根据行政事务的发展变化灵活运用信息技术技术，确保网络安全。

（4）通过扩大监控对象范围来强化综合对策

为强化整个政府机关的网络安全，要综合地强化对独立法人、府省厅共同开展公共业务的特殊法人的对策。

具体来说，就是要提高该法人对突发事件的应对能力，强化管理省厅对该法人的监察，除此之外，针对该法人的网络安全相关措施，要根据该法人的性质，按照政府机关的政策进行推进。特别是，除注意使受益法人公平承担费用、分阶段追加 GSOC 的监视对象外，网络安全战略本部要推进由 NISC 实施的监察及原因探查措施。在强化本战略的时候，要采取必要措施，强化与拥有专门知识的法人迅速合作讨论所需法律的体制。

（三）国际社会的和平稳定和我国的安全保障

自由、公正、安全的网络空间，是能进行全球规模交流的全球共通空间，是国际社会和平稳定的基础。特别是，我国认识到网络空间的多种价值，重视使用主体的自律性，通过法律来保障民众的言论和企业的行为，进而实现国际社会的和平稳定和繁荣发展。目前，我国通过灵活运用自由、公正、安全的网络空间，实现了和平稳定、高质量的生活，建成了可持续发展的经济社会。其对立面是，无论在国际还是国内，社会对网络空间的依存逐渐增高，由于网络攻击的手法更加巧妙，影响更加巨大，网络攻击对现实空间的经济社会活动产生着重大的影响。因此，在确保国际社会和平稳定和我国的安全保障方面，适当应对网络攻击、确保网络空间安全利用，是应该迅速采取根本措施的、极端重要的课题。

针对这一课题，为确保我国安全，要从根本上强化全国的应对能力，继续采取措施，促进与同盟国家和有意愿国家间的合作，与各国建立战略互信。利用专制体制独占、统治、阅读、窃取、破坏信息的情况和恐怖组织等非国家主体恶意利用网络空间的情况依然存在，为应对这些，要基于国际协调主义，从追求自由、公正、安全的网络空间的立场，通过"积极的和平主义"来实现国际社会的和平与稳定，以此来积极维护国际秩序，确保我国安全。

在目前的认识下，我国为保障国际社会的安全稳定和我国的安全，采取以下战略举措。实施这些措施时，要向内阁官房报告各府省厅和相关机构的网络安全政策，以强化我国统一的对外应对措施。

1. 确保我国的安全

社会系统等所有的东西都被网络化，网络空间和现实空间进一步融合，很多组织都深度依赖于网络空间。其结果是，网络攻击可能会给予一国的政治经济文化强烈的打击。现在，网络空间成为了经济活动、安全保障和科技发展的舞台，疑似以国家为对象的、有组织地、有准备、高度完善的网络攻击破坏行为和机密信息的窃取、数据的篡改等都成为了现实的威胁。

对这样高度网络攻击的防护，必须要在预防、检查、处理的所有阶段，通过高科技来进行迅速、准确的应对。

因此，要通过平时对网络空间的分析，尽早认识和掌握各种主体实施网络攻击的征兆，进一步提高查明问题后迅速反应的能力。要强化与外国政府机关进行信息共享等信息收集、形势分析的能力，同时，综合全面地推进有组织、分领域的政策措施。

此外，为了我国的安全保障，要防止政府和重要基础设施等社会系统遭受网络攻击。在防护过程中，不论是政府还是民众，纵向的、僵硬的前例主义，已然成为了攻击者实施攻击的好机会。我们要在多种相关主体达成这一认识的基础上，进一步强化合作，实现无缝连接的多层次的防护。总之，我国要预想各阶段的案例，根据网络攻击的规模和程度，进行切实的应对，以进一步强化广泛的综合的视野和能力。

网络攻击很容易跨国实施，在国外，也有与国家相关的现实军事行动等受到网络攻击的情况发生。为此，在同盟国和其他志愿国家机构间，要积极推进信息共享和人才培养，也要促进与他国建立战略互信。

（1）强化应对机构的能力

为应对多样的复杂的网络威胁，全国的强韧性和应对能力的强化是必不可少的。因此，要从质和量上提高警察、自卫队等应对机构的能力。为了使这些应对机构的作用得以充分发挥，要培养和确保人才，引入和学习最新科技，完善研究开发等各项制度，对所有有效手段进行广泛研讨。为应对以政府机关的秘密信息为目标的网络攻击，内阁情报调查室等相关机构要推进发展计算网络科技的措施。

（2）我国领先技术的运用和防护

我国的领先技术不仅保障经济上的优越地位，在安全保障上也是重要的国家资产。特别是，我们有必要认识到，宇宙相关技术和核相关技术，安全技术防卫装备的相关技术等，是我国在安全保障上处理重要信息的主体，也是世界网络攻击的目标。以安全保障为目标，这些主体通过利用我国的先进技术，确保网络安全万无一失。在提高全体高科技人员安全意识的同时，要强化对来自国外的网络攻击的监控和应对能力，强化对物品、服务的调查确认能力，强化官民间的信息共享合作等。

（3）政府机关和社会系统的防护

政府机关守护和支撑国民生活和经济社会，如果这一功能消失的话，会是安全保障上极堪忧的现象。政府机关遂行任务依赖于重要基础设施和其他社会体系从业者的服务。这些从业者自身也承担着向国民和社会提供必要服务的重任。因此，在我国的安全保障方面，使社会系统从业者确保网络安全，对于保障政府机关任务，和向国民和社会持续提供必要服务来说是极端重要的。在这些从业者与政府机关的协作中，网络攻击对提供服务，和对他们自身的任务遂行会产生怎样的影响，对于这一点必须要有充分的认识和万全的对策。

从这一观点来看，政府和重要基础设施以及其他社会体系的从业者，平时就要在必要范围内强化拥有、共享、分析、应对脆弱性和攻击信息的措施，加速政府和民间的信息双向流通。

在防卫省、自卫队等防卫当局中，要强化自身拥有的网络和基础设施，同时，由于上述社会体系的网络攻击有可能成为任务遂行的巨大阻碍，所以要深化与自卫队相关主体的协作。

2. 国际社会的和平与稳定

为维护国际社会的和平与稳定，要确保网络安全和全球规模的信息自由流通。

管理和运营全球活动主体和世界各国多种主体的硬件和软件，联上自律的和谐的网络，通信和处理数据，网络空间由此产生。在这样国际性的空间中，为使交流和社会、经济、文化等活动活跃起来，必须要确保安全——这一人们能够放心利用的分散在世界各国的构成要素。

此外，网络空间全球规模的信息自由流通是世界上社会、经济、文化等所有活动的基础，能促进跨国交流。如果将网络空间分割开，进行过度的规范和管理的话，网络空间所拥有的全球性就被损害了。

为保障网络空间安全，不仅要保障我国自身安全，也要保障国际社会的和平与安全。必须要实施各项政策创造国际性的，安全的网络环境。

为实现国际社会的和平与稳定，在这样的认识下，我国作为国际社会有责任的一员，根据以下方针，发挥主导作用。通过与各种主体进行国际联合，确保网络安全和网络空间全球规模的信息自由流通。

（1）确立网络空间的国际法律

我国认识到有多种多样的主体和价值观存在，从信息流通基本原则的立场出发，为确立网络空间的国际法律，积极承担义务。

一是国际规范的形成。我国认为，此前的国际法也适用于网络空间。例如，在网络空间的安全保障方面，我国参加了联合国大会第一委员会下设的政府专家会议，2013 年 6 月，我国向联合国提交了"网络空间行为也要符合既存的国际法"的成果文件。从现行的国际法也适用于网络空间这一立场出发，我国今后将积极开展关于个别具体国际法的讨论，以此来促进网络空间国际规范的形成。

在除上述以外的联合国和专门机构会议、经济开发合作机构、亚太经合组织、网络空间相关的国际会议，也要注重多种主体参与的经济社会方面和互联网统管方面的探讨。为此，我国将继续与国内外各主体合作，确保网络空间的开放性、互利性、自律性和信息的自由流通，从有利于社会经济文化发展的立场，积极推进国际规则和规范的形成。

二是国际法律法规的实现。我国积极采取措施，促进国际法律法规的形成和实现。例如，在安全保障领域，在个别具体国际法讨论成果的基础上，通过国际机构和各国的网络协议，促进下述互信关系的形成。网络犯罪对策方面，我国缔结了网络犯罪条约，扩大此条约的缔结国，就很容易跨越国境对网络犯罪进行效果显著的应对。因此，要强化互助搜查等执法机关的国际合作，推动对跨国犯罪的国际搜查。我国率先实践国际法律法规，以此来确立网络空间的法律，实现国际社会的和平稳定。

（2）推动缔结国际互信关系的措施

不仅是社会活动和经济活动，网络空间正成为包含军事活动在内的所有活动依赖的场所。在这个过程中，为防止网络攻击等意外事态的发生，联合国要适时推进国际讨论，推动多国达成共识。因此，在联合国为首的多国间网络协议方面，我国积极立足于基本立场，与各国相互共享各自立场。还有，在应对跨国突发事件的发生方面，平时就要构筑国与国，民与民等不同阶层的联络体制，实施联合演习，以此来推进互信关系的构建。

（3）对恶意使用网络空间的国际恐怖组织的对策

为使网络空间有利于维护国际社会的和平稳定，必须要阻止恐怖组织恶意使用网络空间的活动。随着网络空间的扩大，标榜过激主义的非政府主体通过恶意利用网络空间来传播过激思想，发动示威行为，实施劝诱活动，获得恐怖组织基金。针对恐怖组织，我国基于联合国安全理事会等国际社会的意愿，与国际社会协作进行应对。要灵活运用互联网上关于恐怖活动的高度信息收集技术，加强对网络空间中国际恐怖组织活动信息的搜集和分析。

（4）在网络能力构筑方面的合作

我国作为以自由、民主主义为基础的负责任的国际社会的一员，从目前积累的经验出发，积极推进网络能力建设。超越国境的网络威胁，需要世界各国各种主体联合应对，一部分国家和地区应对威胁的能力不充分，成为了包括我国在内的全世界共同的威胁因素。事实上，针对我国的网络攻击，有很多是从国外发起的。

我国国民和企业的活动正在向全球化发展，去往国外和企业的海外据点也在持续增加。随着信息化的发展，这些活动都依赖于目的地国的社会基础设施和网络空间。因此，协助世界上其他国家构筑确保网络安全的能力，不仅对该国有利，对我国和全世界都有利。

随着目前为止的信息通信社会的发展，我国在推进网络安全相关法令政策完善的同时，要确保政府机关、重要基础设施从业者，其他组织和个人的网络安全，要制定对网络犯罪的对策，促进网络安全人才的培养和网络安全相关技术的研究开发。作为以信息自由流通为基本原则的国际社会的一员，我国以积累的经验为基础，继续为各国的能力构建积极贡献力量。因此，政府和相关机构要团结一致，进行能力构筑的研讨，并促进其有效率有成果地实施。

（5）国际人才的培养

在国际网络安全相关的措施中，我国主张继续参加国际会议，加深与外国各类主体的交流。因此，这种人才在拥有充分的网络安全相关知识的同时，也需要了解各国的经济社会文化等状况。无论在官方和民间我国都要进一步强化拥有网络空间技术知识，精通各国状况、国际安全保障、国际合作等内容，在国际场合非常活跃的高素质国际人才的培养。

3. 与世界各国的合作及联合

我国通过与世界各国的合作、联合来实现国际社会的和平稳定和我国的安全保障。国际合作和联合是强化应对国家相关的高度网络攻击能力的行为。我国作为以自由民主主义为基调的有责任的国际社会一员，以日美同盟为基轴，考虑与对象国的地理、经济关系、价值观共有度等情况，扩大和深化各国间的合作关系，回避和防止以网络攻击为开端的意外事件。我国从这个观点出发促进互信关系的构建，广泛确立国际合作体制，确保网络空间安全。

（1）亚洲大洋洲

历史上，亚洲大洋洲地区与我国关系深厚，要继续促进国民相互往来，增加我国企业的投资。作为这个区域的责任国，我国要疏通两国间或多国间的桥梁，推动本地区网络领域的国际联合和能力构建的合作，促进信息收集和发送。

我国与东盟国家之间保持着40年以上的传统伙伴关系。在网络安全领域，有诸如日本东盟信息安全政策会议等很多桥梁来维持亲密合作关系。我国将基于对象国的需要，通过国际会议、共同项目等措施，继续构建多种能力，使日本和东盟间网络安全领域的合作关系进一步深化和扩大，积极为构建强韧的东盟网络空间做贡献。此外，要重视东盟国家各自的经济社会文化状况，基于网络空间多样的价值观，强化与各加盟国的合作关系。

我国将与地区诸国共享我国的价值观，强化与地区战略伙伴国家的合作。平时就通过各种桥梁与这些国家共享和利用网络相关的政策信息，组织针对网络攻击的共同训练，深化在网络领域的两国间合作关系，同时，促进地区和国际合作，应对网络空间各种课题。

对于亚洲大洋洲的其他国家和地区，要交换对网络空间的认识和网络安全信息，讨论网络领域合作的可能性并推动相互理解和合作。此外，还要积极参加亚太经合组织会议和东盟地区会议等，确保地区网络空间安全，通过信息的自由流通采取措施，推动经济社会文化的发展。

（2）北美

我国与北美两国拥有共同的基本价值观，要促进在网络安全领域合作。特别是，美国是我国的同盟国，两国以日美安保体制为基础，在各个层次紧密合作。两国网络空间相关的价值观也是相同的，我们利用两国间的各种桥梁，进行密切的信息交换。比如日美战略对话和与网络经济相关的日美政策合作对话，日美网络防卫政策工作小组等。我国将通过继续进行网络相关政策和网络攻击信息的共享，网络案件的处理，在高科技领域实施共同计划等措施深化合作。同时，针对国际上各种网络空间课题，进行紧密合作，例如网络空间国际法律法规的形成和实现、国际安全保障、网络治理等内容，以保障国际社会的和平与稳定。还有，在防卫当局之间，要共享威胁信息和实施网络空间的共同训练，进行人才培养等方面的合作，在新的日美防卫合作目标的指针下，进一步强化自卫队和美军的合作，通过巩固全政府的合作体制，提高日美同盟的威慑力和应对能力。

（3）欧洲

与我国拥有共同基本价值观的欧洲各国，在实现国际社会和平稳定方面，是起到主导作用的伙伴。在网络领域，各国和相关机构，通过包含防卫当局在内的各种桥梁强化合作，从平时就开始共享和利用网络相关的政策的信息，组织针对网络攻击的共同训练，深化在网络领域两国间的合作关系，同时，促进地区和国际合作，应对网络空间各种课题。

（4）中南美、中东、非洲

在中南美、中东非洲两地区，和拥有共同价值观的国家构筑伙伴关系，同时，讨论与其他国家能力构筑合作的可能性。

### （四）各方联动的措施

为达成"持续提升经济社会活力""保障国民安全，建设国民安居乐业的社会""国际社会的和平安定和我国的安全保障"三个政策目标，我国必须努力推进相关研究、技术开发和人才培养。特别是这些共同基础的措施，需要很长时间才能出成果，由于需要涉及多方面的政策，所以从中长期的观点来采取措施的同时，要灵活运用官民和相关省厅的事业·制度。

#### 1. 推进研究开发

信息通信技术大量渗透到国民生活中，经济活动中也作为创新的源头被进一步普及。随着连接互联网的系统和机器大幅增加，国家企业需要灵活使用重要基础设施等更完善的网络安全对策。而且，网络安全攻击日益发展，逐渐复杂，为应对这些变化，在网络、硬件、软件等广阔领域，必须通过充分的研究开发，创造出充满创意和心血的网络安全技术。研究开发要通过相关主体相互合作，促进其各自拥有的信息、观点、强项相互组合。具体内容如下所述。

（1）提高对网络攻击的预知和防御能力

在物联网系统普及的互联互通信息社会，为了保护政府、重要基础设施、企业团体和个人不受到高度复杂的网络攻击威胁，要根据实际情况进一步提高网络攻击的预知和防御能力。在提高这一能力的研究开发中，要适时适当地把握网络攻击对现实有怎样的威胁、具体需求是什么这些问题，从而充分进行环境的完善。还有，网络安全的研究开发重要的是要将社会需求实用化，推进研究成果的社会还原。因此，政府机关、研究者和其他相关人员要用相对容易的形式进行必要信息和数据的共享，例如，提高网络攻击的耐受性、继续开发从现实空间收集、分析 M2M 等学术评价数据的技术。此外，还要采取措施促进相关法律和标准的研究。另外，在政府推进的研究开发计划中，从研究开发的计划阶段就要考虑网络安全，以提高防御能力。

（2）网络安全与其他融合领域的研究

网络空间与现实空间相互融合，对现实空间的影响逐渐增大，因此，单纯考虑信息系统上的威胁或单纯进行学术上的研究，是无法对抗威胁的，必须要在法律研究、政策形势、技术等多领域中研究分析手法。因此，通过与法律、国际关系、安全保障、经营学等社会科学各领域的研究联合，促进融合领域的研究，对大数据、人工智能等社会技术的变化抢先进行调查、研究、开发。毋庸置疑的是，不能让科技研究开发成果成为危害人类社会的东西。

（3）网络安全核心技术的维持

为了预测和应对日新月异的网络攻击，自主开发攻击防御的原理和系统，我国必须要保有核心技术。特别是密码研究等培育核心技术的基础研究，虽然没有与商业直接联系，但与经营能力和事业开发紧密相连，是创造新产业的种子。此外，从安全保障的观点出发也存在需要国家保有的技术。因此，在政府研究机构、大学等合适的研究机构中，正在切实完善着促进研究开发的环境。

（4）通过国际合作强化研究开发

网络攻击是跨国行为，随着网络威胁日益发展，应对技术要面向国际合作，促进能有效应对的、高科技手段的开发，要组合各国长处并促进其发展。在留意研究内容和我国安全保障的同时，要积极通过国际合作进行研究开发。在各种国际标准化措施实施的过程中，要推进以网络技术为中心的各种国际标准的制定和普及，建立各国承认的机制。

（5）与相关机构的合作

研究开发不可能在短时期内出成果，而是必须长期进行的课题。而且，支撑研究开发的环境完善和研究者的培养，不仅是网络安全领域，也是其他领域的共同课题。因此，不仅要坚定网络安全这一观点，还要在留意环境变化，同时，与综合科学技术·改革会议政策实施对象等其他相关机构进行合作，通过产学官协作积极地推进各项措施①。

2. 人才培养和保留

在信息社会中，网络安全专家、一般的信息通信技术人员物联网利用者等不同程度人才都必须具备的网络安全素养。但是，国内从事网络安全相关事务的技术人员在质和量上都存在严重不足②，人才培养是紧急课题。因此，要按照以下内容，充实网络安全和相关领域的教育，发掘、培养、保留具有突出能力的人才，完善相关人才能够继续发挥重大作用的环境，制定人才培养政策的综合方针。

而且，这些人才不仅要有技术能力，同时还要具备较高的伦理观。

（1）在高等教育阶段和职业能力开发过程中培育符合社会需求的人才。

今后社会需要的高度专业人才。产学官三方要更有力地合作，培育出在质和量上都符合社会需求的人才。研究生、大学本科、专科学校等高等

---

① 举个例子，作为战略改革创造计划（SIP）新候选课题，"重要基础设施安全保障"于 2015 年 6 月 18 日综合科学技术改革会议决议。

② 独立的行政法人信息处理机构 2013 年 5 月通过试算得出，国内从事信息安全的技术人员虽说约有 26.5 万人，但具备必要能力的人只有 10.5 万多人，剩下的 16 万人则需要更进一步的教育和训练。还有，目前还潜在地缺少 8 万人的网络安全人才。

教育机构，要让学生学习网络安全相关的基础理论，并通过演练强化实践能力。而且评价该人才是否具有充分的知识和能力是很重要的。

要通过促进紧密协作和信息共享，用网络云完善网络演习环境，支援产学官共同开发教材等措施，构筑产学官合作体制，切实推动人才培养。

对企业经营来说，网络安全是必不可少的课题，在这种情况下，能够作为经营者和实际工作者之间的桥梁，从经营战略和技术观点两方面考虑，对安全要素进行适当资源分配的中间层人才是很急需的。因此，要从高等教育阶段开始培养复合型人才，该人才应同时具备网络安全和信息通信相关的技术能力，包括法律、经营学等社会科学在内的各种专门的领域的知识，以及组织经营的必要知识。

而且，在提供安全的产品和服务时，必须具备安全知识与产品服务的生产密切相连的理念。从信息通信技术领域的技术人员到使用者的各种层次的人才都需要网络安全的必备素养，因此，要完善高等教育机构的循环教育和产学官合作的实践演练机会，促进职业训练的灵活。

（2）完善初等、中等教育阶段的相关教育

在互联互通信息社会中，企业、个人、政府机关等各个主体，能够充分利用物联网等信息通信技术，是丰富和发展经济社会活动以及个人生活不可或缺的基础。因此，在这样的社会中，虽然在程度上有所差异，但为了能安全地行动，网络安全素养对所有人来说都是必需的。这些素养包括理论思考的能力、对信息通信技术和机器基本结构的理解。从初、中等教育阶段开始，就应该适应儿童、学生的发展培养这些素养。此外，在高等教育的前一阶段学习和掌握网络安全必备素养，对于在高等教育阶段培育网络安全高素质人才、一般信息通信技术人员和系统使用人员来说是不可少的。

因此，适应儿童、学生的成长阶段，从初、中等教育阶段开始，就要进一步培养他们灵活运用信息的实践能力、对信息的科学理解力、参与信息社会的态度，促进其对信息安全等信息道德的理解，强化理论思考的能力和对信息通信技术和机器基本结构的理解。此外，要推进技术研究，使教员能灵活运用信息通信技术提高指导学生的能力。

（3）发掘、培养、保留有突出能力的世界级人才

对于网络安全人才，不仅可以通过特别研究网络安全的研究院的教育培养来获得，还可以挖掘和保留具有突出能力的人才。此外，要通过对网络攻击应对方法（包含防御手法、攻击手法）的研究，培养自主思考和对策研讨的能力。

而且，由于网络安全成为全球性课题，这些具备突出能力的人才必须要拥有国际水平。也就是说，必须要不分国别，培养能够充分发挥作用的人才。因此，在国内，政府要把握自己在全球水平中的位置，提高市场占有率，要通过举行有国外选手参加的比赛，形成人才网络。

（4）完善环境，以便相关人才能在将来继续发挥作用

大多数一般组织为实现其事业上的目的而灵活运用信息通信技术，但是这作为经营课题，体现了完善网络安全的必要性。从实际工作层到经营层的各层次，都需要能够根据各种不同的需要，拥有具备网络安全知识的人才。在网络安全相关产业中，需要拥有网络安全特殊能力的人才和能够领导这些人的人才。此外，还要明确适应这些组织需求的人才晋升路径，对于组织的经营层、培养的安全人才、人才培养者来说都是有益的。

因此，要创建能够适时适当评价网络安全从事者实践能力的资格制度，同时，在组织中作为业务的必要标准，通过完善技能的评判标准将其能力可视化。此外，要考虑事业性质和受众的需要，完善实习制度等参照措施，促进形成横跨产学官的人才事业晋升路径。要从企业财务和其他的观点来促进措施实施。通过这些措施，维持人才需求和供给的良性循环。

（5）为提高组织能力进行人才培养

政府机关和重要基础设施从业者等全体机构成为网络攻击的目标，在

这种情况迅速增加和严重化的过程中，为准确、迅速地应对网络攻击，不仅要提升每个人的网络攻击应对能力，还要使个人的能力有机联合，这对于提高组织全体的能力是极端重要的。

还有，为了有效果有效率地提升组织的能力，在完善不同组织同仁互相切磋的环境之外，还要提升各个组织的实践能力和对课题的具体把握。因此，在将组织应对网络攻击的必要能力体系化的同时，也要完善提升这些能力的实践演习。而且，在发生严重网络攻击的时候，为了防止灾害扩大和再次发生，要通过官民合作强化工作体制。

## 六、推进体制建设

网络安全战略本部是推进本战略的司令部，NISC 是事务局，担当了推进本战略各项政策措施的主要任务。因此，NISC 负责的任务有：监视、监察、查明利用网络对各行政部门信息系统进行的非法活动，国内外网络安全相关的信息集约、分析、国际合作，各省厅安全人才培养等提高政府网络安全能力的活动。为切实完成这一任务，NISC 通过大量录用民间安全人才等措施，进一步提高自己的应对能力。在意外事件发生时，各类信息要向 NISC 集中，并构筑起与政府相关省厅的信息共享体制。

为了完善所管事务，政府机关充分与 NISC 合作，在实施必要的网络安全措施的同时，有责任促进下辖组织和从业人员之间的信息共享，并提出必要的建议。特别是为了进一步提高全国网络安全能力，要强化产学官和相关省厅间信息共享等相关机构的协作。而且，为了能够冷静应对突发事件，平时就要强化检测、分析、应对网络攻击的体制。因此，为了强化平时的信息收集，对网络空间威胁事先预测、迅速发现，全国要加强与民间机构的合作，要强化包括网络云技术在内的信息收集、分析能力。为实现迅速查知、分析、判断、应对网络攻击的有效循环，要积极完善高度信息分析、集约和共有体制。

关于危机管理的应对，要完善网络安全战略本部长劝告措施等对网络攻击事态的政府最初应对和对策确认方法，并进一步强化。应对大规模网络攻击时，要确立政府机关、独立行政法人、安全事业者等合作应对的体制，同时，在大规模网络攻击的应对和为培养人才而组织的实践演习和训练方面，产学官三方要紧密合作，与拥有一定专业知识的人员进行积极合作。其中，处理独立行政法人信息机构主要被用于监视政府违法行为和查究原因等事务。国立研究开发法人信息通信研究机构主要致力于提高网络安全应对能力的演习基础和观测、分析网络攻击。为实现这些，需要完善法制措施。

疑似以国家为目标的高技术和高度计划性的网络攻击，近年来有所增加。应对这些攻击，是我国危机管理和安全保障上的重要课题。

因此，危机管理体制和信息共享、合作，安全保障，要通过网络安全战略本部，重大恐怖活动对策本部等机构与国家安全保障会议的紧密合作来应对。

在 2020 年东京奥运会残奥会等国际体育盛会，确保网络安全是十分必要的。特别是东京奥运会残奥会，在明确了该大会的网络安全风险后，对于大会运营、相关机构和提供的重要基础设施服务等，要切实进行网络威胁的预防和检测，加速进行信息共享中坚组织奥运会、残奥会 CSIRT 的完善。为此，面向 2016 年伊势志摩峰会和将于 2019 年在我国召开的橄榄球世界杯赛，构建和维持必要的组织、建设、合作关系，保留专家，会前充分训练等措施都将按照阶段切实推进。

2019 年将在我国召开的世界杯的措施，将分阶段地切实推进。为持续强化网络安全，由这些措施培育起来的应对能力，到大会召开之后也将持续使用。

从危机管理和安全保障的观点来看，这些网络安全政策是极为重要的，为进一步推进这些政策，在追加必要经费方面，要通过业务、系统改革和其他政策提高行政效率节俭经费等方式，保障政府的适当预算，同时，政府要立即实施提供合适待遇录用网络安全专家型人才等措施，在新制度完善方面，要毫不迟疑地推进必要的政策。

## 七、今后的措施

本战略基于对现状的认识，预计 21 世纪 20 年代初日本社会将出现的课题，提示今后 3 年期间，解决这些课题应采取政策的基本指针。今后，为切实实施本战略，网络安全战略本部基于网络安全基本法，制定期间各年度的计划，与此同时，要回顾政策实施的进展情况，进行年度报告。另外，为了根据战略中提示的方向性，有效推进各省厅的政策，制定经费预算方针。而且，网络空间中，形势和技术前提发生间断性变化。因此，必要的话，本战略不局限于 3 年的计划期限，而应该灵活地进行修订。

# 网络安全基本法

（2014 年法律第 104 号 2016 年 4 月修订、10 月 21 日施行）

## 目　录

# 第一章　总则

（目的）

第一条　随着互联网及其他高级信息通信网络的建设以及信息通信技术的活用，世界范围内发生的网络安全威胁愈发严峻，国内外形势也在发生巨大变化。如何在确保信息自由流通的同时，确保网络安全已成为紧迫课题。鉴于此，本法律制定的目的在于，围绕我国网络安全政策，确立基本理念，明确国家和地方公共团体的责任分担，明确包括制定网络安全战略在内的网络安全政策的基础事项；通过设立网络安全战略本部与《构建高级信息通信网络社会基本法（2000 年法律第 144 号）》相结合，综合、有效地推进网络安全政策，进而提升经济社会的活力和可持续发展，构建国民能够安全、安心生活的社会，为维护国际社会的和平与安全以及我国的安全保障做贡献。

（定义）

第二条　在本法律中，所谓"网络安全"是指，讨论如何防止那些通过电子、磁力等依靠人的知觉无法感知的方式（以下称之为"电磁的方式"）记录、发送、传输、接收的信息发生泄露、消失或者毁损及其他为了确保上述信息安全的必要措施，以及为了确保信息系统和信息通信网络安全性和可靠性而采取的必要措施［包括为了防止通过信息通信网络或者电磁方式记录的存储载体（以下称之为"电磁存储载体"）对电子计算机实施非法活动造成的危害采取的必要措施］，并对这种防护状态正确地进行维持管理。

（基本理念）

第三条

（一）通过建设因特网及其他高级信息通信网络以及活用信息通信技术确保信息的自由流通，对于享有表现自由、创造革新、提高经济社会活力等方面十分重要。鉴于此，针对网络安全威胁，必须以国家、地方公共团体、重要社会基础事业者（即国民生活和经济活动的基础，是指从事其功能一旦崩塌或者弱化便可能对国民生活或经济活动造成重大影响的工作的人员。下同）等多元主体展开合作、积极应对为宗旨，推进网络安全政策。

（二）必须以深化每个国民的网络安全意识，促其自发实施应对，积极构建强韧体制，对网络安全威胁造成的危害加以预防，并从危害中迅速复原为宗旨，推进网络安全政策。

（三）必须通过建设因特网及其他高级信息通信网络和活用信息通信技术，以构建具有活力的经济社会为宗旨，推进网络安全政策。

（四）应对网络安全威胁是国际社会共通的课题，而且我国的经济社会是在与国际紧密的相互依存关系中运营。鉴于此，必须以在构建网络安全国际秩序方面发挥先导作用为宗旨，在国际协调下推进网络安全政策。

（五）必须在把握《高级信息通信网络社会形成基本法》基本理念的基础上，推进网络安全政策。

（六）在推进网络安全政策之际，必须注意不能非法侵害国民权利。

（国家的职责）

第四条　国家根据前条的基本理念（以下称之为"基本理念"），负有制定和实施综合性网络安全政策的职责。

（地方公共团体的职责）

第五条　地方公共团体根据基本理念，基于与国家之间适当的责任分担，负有制定和实施自主性网络安全政策的职责。

（重要社会基础事业者的职责）

第六条　重要社会基础事业者根据基本理念，为了稳定、适当地提供服务，应该在深化对于网络安全重要性的关心和理解，努力确保自主、积极的网络安全的同时，在国家或地方公共团体实施的网络安全政策上展开合作。

（网络相关事业者及其他事业者的职责）

第七条　网络相关事业者（建设互联网等高级信息通信网络、活用信息通信技术或者从事网络安全相关工作的事业者。下同）及其他事业者根据基本理念，应该在自主、积极地确保网络安全的同时，在国家和地方公共团体实施的网络安全政策方面展开合作。

（教育研究机构的职责）

第八条　大学及其他教育研究机构根据基本理念，应该在自主、积极确保网络安全、培育网络安全人才、研究网络安全问题和普及成果的同时，在国家和地方公共团体实施的网络安全政策方面展开合作。

（国民的努力）

第九条　国民根据基本理念，应该深化对于网络安全重要性的关心和理解，针对确保网络安全问题给予必要的关注。

（法制方面的措施等）

第十条　政府必须围绕实施网络安全政策所必需的法制上、财政上以及税制上的措施及其他措施展开研讨。

（行政机构的建设等）

第十一条　国家在讨论网络安全政策之际，应该在建设行政机构以及改善行政运营方面做出努力。

# 第二章　网络安全战略

第十二条

（一）政府为了综合、有效地推进网络安全政策，必须制定网络安全基本计划（以下称之为"网络安全战略"）。

（二）网络安全战略应该规定以下事项。

1. 网络安全政策的基本方针

2. 确保国家行政机构网络安全的事项

3. 确保重要社会基础事业者及其团体以及地方公共团体（以下称之为"重要社会基础事业者等"）网络安全的事项

4. 除了以上三点外，其他为了综合、有效地推进网络安全的必要事项

（三）内阁总理大臣，围绕网络安全战略提案，必须寻求阁议的决定。

（四）制定网络安全战略之后，政府必须立即向国会报告，并利用互联网等其他适当的方式进行公布。

（五）前两款规定，同样适用于修改网络安全战略。

（六）为了确保实施网络安全战略所必需的资金，政府每年必须在国家财政允许的范围内，采取列入预算等能够顺利实施该战略的必要措施。

# 第三章　基本政策

（确保国家行政机构的网络安全）

第十三条　围绕国家的行政机构、独立行政法人［是指《独立行政法人通则法》（平成十一年法律第一百零三号）第二条第一款中规定的独立行政法人。下同］以及特殊法人［是指通过法律直接设立的法人，或者根据特别的法律通过特别的设立行为而设立的法人，适用《总务省设置法》（平成十一年法律第九十一号）第四条第一款第九项的规定。下同］的网络安全问题，国家应该采取必要措施。例如，制定有关国家行政机构、独立行政法人和指定法人［在特殊法人和认可法人（是指根据特别的法律而设立，其设立需要得到行政官厅的认可。第三十二条第一款中相同）中，考虑到该法人的网络安全无法确保时将对国民生活和经济活动造成的影响，国家有必要采取更充实的举措以确保该法人的网络安全，因此由网络安全战略本部进行指定。下同］网络安全问题的统一基准；推动国家行政机构信息系统的联合化；监视和分析那些通过信息通信网络或者电磁记录载体等方式对国家行政机构、独立行政法人或者指定法人信息系统实施的非法活动；参加有关国家行政机构、独立行政法人和指定法人网络安全的演习和训练，同国内外相关机构展开合作和联系，共同应对网络安全威胁；推进国家行政机构、独立行政法人和特殊法人之间有关网络安全信息的共享等。

（推进确保重要社会基础事业者的网络安全）

第十四条　关于重要社会基础事业者的网络安全问题，国家应该采取必要措施，例如制定基准、演习和训练、信息共享等其他自主努力等。

（推进民间事业者和教育研究机构的自发努力）

第十五条

（一）鉴于中小企业者等民间事业者以及大学等教育研究机构所拥有

的知识财产等信息对于强化我国的国际竞争力非常重要，为了推动这些人员自发进行网络安全方面的努力，国家应该采取必要措施，例如增强对于网络安全重要性的关注和理解，根据网络安全的咨询，提供必要的信息和建议等。

（二）鉴于每个国民自发确保网络安全非常重要，因此在日常生活中使用电子计算机或者互联网等高级信息通信网络之际选择适当的产品和服务等方面，国家应该采取必要的措施，例如根据网络安全咨询，提供必要的信息和建议等。

（多样主体的合作等）

第十六条　为了强化相关府省之间的合作，国家应该采取必要措施，促使国家、地方公共团体、重要社会基础事业者、网络相关事业者等多样主体展开合作，实施网络安全政策。

（犯罪的取缔以及危害扩大的预防）

第十七条　国家应该采取必要措施，以取缔网络安全犯罪和预防危害的扩大。

（可能对我国安全造成重大影响事态的应对）

第十八条　针对那些有可能对我国安全造成重大影响的网络安全事态，国家应该采取必要措施，以充实相关机构的体制、强化相关机构的相互合作以及明确职责分担。

（产业的振兴以及国际竞争力的强化）

第十九条　鉴于我国拥有独立保障网络安全能力的重要性，为了促使网络安全相关产业发展成为能够创造雇佣机会的成长产业，为了开创新事业、实现产业的健全发展以及提升国际竞争力，国家应该围绕网络安全问题采取必要措施。例如，推进先进的研究开发、技术的高级化、培养和确保人才、通过完善竞争条件强化经营基础以及开拓崭新事业、推进与技术安全性和可信性相关的规格等方面的国际标准化以及参与相互承认的框架等。

（研究开发的推进等）

第二十条 鉴于我国独立保持网络安全技术能力的重要性，为了推进网络相关的研究开发、技术论证和普及成果，国家应该围绕网络安全问题采取必要措施。例如，完善研究体制，推进与技术安全性和可信性相关的基础研究和基础性技术的研究开发，培养研究人员和技术人员，强化与国家的试验研究机构、大学、民间的合作，为了研究开发开展国际合作等。

（人才的确保等）

第二十一条

（一）国家应该在与大学、高等专科学校、专修学校、民间事业者展开紧密合作的同时，采取必要措施以确保相关人员的适当待遇，使那些从事与网络安全相关事务的人员的职务和职场环境更具魅力，与其重要性相符。

（二）国家应该在与大学、高等专科学校、专修学校、民间事业者展开紧密合作的同时，采取活用资格制度、培养年轻技术人员等必要措施，以确保和培养网络安全相关人才、提高资质。

（教育和学习的振兴、普及启发等）

第二十二条

（一）为了广泛深化国民对于网络安全问题的关注和理解，国家应该采取振兴和启发与网络安全相关的教育和学习、普及知识等举措。

（二）为了推进前项举措，国家应该采取必要措施，例如举办旨在启发和普及知识的活动，规定日期旨在有重点、有效地推进网络安全相关举措等。

（国际合作的推进等）

第二十三条 在网络安全领域，为了我国能够在国际社会上发挥积极作用的同时，强化我国在国际社会上的利益，我国在网络安全方面应该采取必要措施。例如，主动参与国际规范的制定、构筑国际间的信任关系和推进信息共享、积极支援发展中国家在网络安全方面的应对能力等国际技术合作、在推进打击犯罪等国际合作的同时深化各国对我国网络安全问题的理解等。

# 第四章　网络安全战略本部

（设置）

第二十四条　为了综合、有效地推进网络安全举措，在内阁设置网络安全战略本部（以下称之为"本部"）。

（负责事务等）

第二十五条

（一）本部负责以下事务。

1. 推进网络安全战略相关议案的制定和实施。

2. 推进国家行政机构、独立行政法人和指定法人在网络安全政策方面基准的制定、依据该基准所实施政策的评价（包括监察）及其他依据该基准制定的政策的实施等。

3. 针对国家行政机构、独立行政法人或指定法人发生的网络安全重大事态所采取应对政策的评价（包括为了查明原因的调查）。

4. 除了前三项，与网络安全政策中重要事项的计划相关的调查审议、府省层面的计划、相关行政机构经费估算的方针以及政策实施指针的制定、政策评价及其他与实施和综合调整该政策相关的内容。

（二）在制定网络安全战略的议案之际，本部必须提前听取高级信息通信网络社会推进战略本部以及国家安全保障会议的意见。

（三）关于网络安全的重要事项，本部应该与高级信息通信网络社会推进战略本部展开紧密合作。

（四）关于那些事关我国安全保障的网络安全重要事项，本部应该与国家安全保障会议展开紧密合作。

（机构）

第二十六条　本部由网络安全战略本部长、网络安全战略副本部长以及网络安全战略本部成员组成。

（网络安全战略本部长）

第二十七条

（一）本部的首长，是网络安全战略本部长（以下称之为"本部长"），由内阁官房长官担任。

（二）本部长，统管本部事务，指挥监督所属职员。

（三）本部长根据第二十五条第一项第二号至第四号规定的评价或者根据第三十一条或者第三十二条规定所提供的资料和信息，在认为有必要的情况下，可以向相关行政机构的首长提出劝告。

（四）本部长根据前项规定向相关行政机构的首长提出劝告后，可以要求该行政机构的首长向其报告基于该劝告所采取的措施。

（五）关于根据第三项规定实施劝告的事项，本部长当认为特别有必要之时，可以向内阁总理大臣呈报意见，旨在围绕该事项根据《内阁法》（昭和二十二年法律第五号）第六条规定采取措施。

（网络安全战略副本部长）

第二十八条

（一）在本部设置网络安全战略副本部长（以下称之为"副本部长"），由国务大臣担任。

（二）副本部长协助本部长工作。

（网络安全战略本部成员）

第二十九条

（一）在本部设置网络安全战略本部成员（在下一项中称之为"本部成员"）。

（二）本部成员由下列人员（在第一项至第五项列出的人员中，担任副本部长的人员除外）担任。

　1. 国家公安委员会委员长

　2. 总务大臣

　3. 外务大臣

　4. 经济产业大臣

　5. 防卫大臣

　6. 除了上述人员外，在本部长和副本部长以外的国务大臣中，作为为了遂行本部负责事务而特别需要的人员，由内阁总理大臣特别指定的人员

　7. 在网络安全方面拥有突出见解的人员当中，由内阁总理大臣任命的人员

　（事务的委托）

　第三十条

　（一）本部可以将第二十五条第一项第二号规定的事务（仅限于根据独立行政法人和指定法人的网络安全政策基准实施的监察）以及该项第三号规定的事务（仅限于独立行政法人或指定法人发生网络安全重大事态时为了查明原因而实施的调查）的一部分，委托给独立行政法人信息处理推进机构以及其他在网络安全对策方面既拥有过硬的技术能力和专门的知识经验，又能够切实实施该事务的并由政令所规定的法人。

　（二）根据前项规定接受事务委托的法人的干部或者职员或者相当于这些职务的人员，无正当理由，不得泄露或盗用与该委托相关的秘密。

　（三）根据第一项规定接受事务委托的法人的干部或职员等从事该委托事务的人员，在适用刑法（明治四十年法律第四十五号）等其他罚则方面，根据法令被视为是从事公务的职员。

　（资料提供等）

　第三十一条

　（一）相关行政机构的首长，根据本部的规定，必须适时地向本部提

供有利于本部遂行负责事务的网络安全相关资料或信息等。

（二）除了前项规定的内容外，相关行政机构的首长必须按照本部长的要求，向本部提供和解释有助于遂行本部负责事务所必需的网络安全相关资料和信息以及其他必要的协助。

（资料的提供及其他协助）

第三十二条

（一）为了遂行负责事务而认为有必要的情况下，本部可以向地方公共团体和独立行政法人的负责人、国立大学法人［是指《国立大学法人法（平成十五年法律第一百一十二号）》第二条第一款中规定的国立大学法人］的校长、大学共同利用机构法人（是指同上条第三款中规定的大学共同利用机构法人）的机构长、日本司法支援中心［是指《综合法律支援法（平成十六年法律第七十四号）》第十三条中规定的日本司法支援中心］的理事长、特殊法人和认定法人等本部指定人员的代表以及当发生网络安全事态时负责与国内外相关人士进行联络协调的相关机构的代表，围绕那些以防止网络安全威胁造成的危害扩大以及从该危害中迅速恢复为目的而与国家合作实施的措施及其他网络安全相关政策，提出必要的资料提供、意见陈述、说明及其他协助等。

（二）在为了遂行负责事务特别有必要之时，本部可以向前项所规定的人员之外的人员，提出同项的协助。

（协助地方公共团体）

第三十三条

（一）为了制定和实施第五条所规定的政策而有必要之时，地方公共团体可以向本部提出信息提供等其他协助。

（二）在接收到前项规定的协助要求之时，本部应该努力给予回应。

（事务）

第三十四条　与本部相关的事务，在内阁官房处理，内阁官房副长官受命负责。

（主管的大臣）

第三十五条　关于本部的事项，内阁法中所规定的主管大臣，由内阁总理大臣担任。

（向政令委托）

第三十六条　除了本法律规定的内容，本部相关的必要事项，由政令的形式规定。

# 第五章　罚则

第三十七条　违反第三十条第二款规定者，将处以一年以下徒刑或者五十万日元以下的罚款。

# 附　则

（施行日期）

第一条　本法律自公布之日起施行。然而，第二章以及第四章的规定以及附则第四条的规定，自公布之日起算不超过一年的范围内，通过政令的形式规定之日起施行。

（研讨）

第二条　针对那些相当于《在发生武力攻击事态及存立危机事态时确保我国和平和独立以及国家和国民安全的法律》（平成十五年法律第七十九号）第二十一条第一款中所规定的紧急事态的网络安全事态及其他通过信息通信网络或者电磁记录载体对计算机实施的非法活动，政府应该从广泛的观点围绕如何进一步提高那些作为国民生活和经济活动的基础，其功能一旦崩塌或者降低，有可能对国民生活或者经济活动造成重大影响的主体的防御能力，展开研讨。

## 附则　（平成二十七年九月十一日法律第六十六号）　抄

（施行日期）

第一条　该法律自平成二十八年四月一日起施行。

## 附则　（平成二十七年九月三○日法律第七十六号）　抄

（施行日期）

第一条　该法律自公布之日起算不超过六个月的范围内，自通过政令的形式规定之日施行。

## 附则　（平成二十八年四月二十二日法律第三十一号）　抄

（施行日期）

第一条　该法律自公布之日起算不超过六个月的范围内，自通过政令的形式规定之日施行。然而，下一条以及附则第三条、第五条和第六条的规定，自公布之日施行。

（向政令的委托）

第六条　除附则第二条至前一条中所规定的内容外，与该法律施行相关的必要的过程措施（包含有关罚则的过程措施）将通过政令的形式规定。

# 太空基本法

2008 年 5 月 28 日法律第 43 号

## 目　录

# 第一章　总则

（目的）

第一条　鉴于科学技术的发展和国内外诸形势的变化，太空开发以及利用（以下称"太空开发利用"）重要性日益增强，制定本法律；本法律基于日本国宪法和平主义的理念，关注与环境的协调发展，其目的在于增强我国在太空开发利用方面应发挥的作用，为制定有关太空开发利用的基本理念及其实现的相关基本事项，明确国家的责任和义务等，在制定太空基本计划的同时，通过设立太空开发战略本部等措施，综合性地、有计划地推进太空开发利用相关政策的实施，以期实现国民生活的提高和经济社会的发展，同时为世界和平和提高人类福祉做出贡献。

（太空的和平利用）

第二条　应依照探测和利用包括月球及其他天体在内的太空的国家活

动原则有关条约以及其他国际条约，遵循日本国宪法的和平主义理念，进行太空开发利用。

（国民生活的提高等）

第三条　太空开发利用必须为提高国民生活，构建安全、安心的社会环境，消除灾害、贫困及其他给人类生存和生活带来的各种威胁，确保国际社会的和平和安全，并保障我国的国家安全做贡献。

（产业的振兴）

第四条　太空开发利用必须通过积极而有计划地推进太空开发利用、顺利推进太空开发利用相关的研发成果产业化等措施，强化我国太空产业及其他产业的技术力和国际竞争力，以此推进我国的产业振兴。

（人类社会的发展）

第五条　鉴于太空相关知识的积累是人类的智力资源，太空开发利用必须通过推进前沿的太空开发利用及太空科学的振兴等，为实现人类的太空梦和为人类社会的发展做出贡献。

（国际合作等）

第六条　太空开发利用必须通过太空开发利用相关的国际合作、积极推进太空开发利用相关的外交等手段，在积极发挥我国在国际社会中的作用的同时，增进我国在国际社会中的利益。

（与环境的协调发展）

第七条　太空开发利用必须考虑太空开发利用可能对环境造成的影响。

（国家的责任与义务）

第八条　国家有责任和义务遵循第二条至前一条所规定的太空开发利用相关的基本理念（以下称"基本理念"），制定及实施太空开发利用相关的综合性政策措施。

（地方公共团体应努力承担的义务）

第九条　地方公共团体必须遵循基本理念，关于太空开发利用，应承担与国家间适当的任务分工的基础上，努力制定及实施发挥其地方公共团体的区域特性的自主的政策措施。

（合作的强化）

第十条　鉴于通过谋求和帮助国家、地方公共团体、大学、民间企业等相互合作的方式，可以有效推进太空开发利用，国家应制定必要的政策措施以强化上述各方之间的合作。

（法制上的措施等）

第十一条　政府为实施太空开发利用的相关政策，必须制定必要的法制、财政、税制和金融及其他方面的措施。

（行政组织的完善）

第十二条　国家在实施太空开发利用相关措施的时候，必须努力完善行政组织及改善行政运营。

# 第二章　基本措施

（有助于提高国民生活等的人造卫星的利用）

第十三条　国家为了提高国民生活，构建安全、安心的社会环境，消除灾害、贫困以及其他对人类生存及生活可能产生的各种威胁，必须推动完善利用人造卫星建立的稳定的信息通信网络、与观测有关的信息系统、测向定位信息系统等，并采取其他必要的措施。

（确保国际社会的和平和安全以及保障我国的国家安全）

第十四条　国家必须制定必要的措施以确保国际社会的和平与安全，以及推进有助于我国国家安全保障的太空开发利用。

（人造卫星等的自主发射等）

第十五条　鉴于自主进行人造卫星等的开发、发射、追踪及运用能力对我国的重要性，国家必须推进进行该活动所必需的仪器（包括零件）、技术等的开发研究，以及设备、设施等的完善，确保我国拥有能够用于太空开发利用的波段，并制定其他必要措施。

（促进民间企业的太空开发利用）

第十六条　鉴于民间企业在太空开发利用方面发挥作用的重要性，为促进民间企业参与与太空开发利用相关的事业活动（包括研究开发活动），强化我国太空产业及其他产业的技术能力和国际竞争力，在自主进行太空开发利用的相关事业时，要发挥民间企业的能力，有计划地调配物资与劳务，同时，完善发射场（指实施火箭发射的设施）、实验研究设备及其他设备和设施等，促进太空开发利用相关研究开发成果向民间企业转移，促进民间太空开发利用相关研究开发成果的产业化，为方便民间企业对于太空开发利用事业的投资，应在税收和金融方面制定相应的措施，以及采取其他必要措施。

（维持及提高可靠性）

第十七条　鉴于维持、提高太空开发利用相关技术可靠性的重要性，国家必须制定推进太空开发利用相关的基础研究及基础技术研究开发相关措施以及其他必要措施。

（推进前沿的太空开发利用等）

第十八条　国家必须制定必要的措施以推进太空探索等前沿太空开发利用及太空科学相关学术研究等。

（推进国际合作等）

第十九条　在太空开发利用方面，为积极发挥我国在国际社会中的作用，同时增进我国在国际社会的利益，国家必须制定必要的措施，以推进太空开发利用相关的开发研究的国际协作、国际技术合作及其他国际合作，同时加深诸国对我国太空开发利用的理解。

（保护环境）

第二十条

（一）国家必须制定必要的措施以推进与环境协调发展的太空开发利用。

（二）国家应努力推进保护太空环境前提下的国际合作。

（确保人才等）

第二十一条　为了推进太空开发利用，国家应加强与大学、民间企业等的密切合作，同时，为太空开发利用相关人才的确保、培养及人才培养质量的提高制定必要的措施。

（振兴教育和学习等）

第二十二条　国家应振兴太空开发利用相关的教育与学习、充实宣传活动以及采取其他必要措施，以加深国民对于太空开发利用的广泛理解和关心。

（太空开发利用相关信息的管理）

第二十三条　鉴于太空开发利用的特性，国家必须制定相关政策以恰当管理太空开发利用相关的信息。

# 第三章　太空基本计划

第二十四条

（一）为了综合地、有计划地推进太空开发利用相关政策的实施，太空开发战略本部必须制定太空开发利用相关的基本计划。

（二）太空基本计划将制定以下相关事项：

1. 关于推进太空开发利用的基本方针。

2. 政府应当综合地、有计划地实施的太空开发利用相关政策。

3. 除第二条规定的事项外，政府认为有助于综合地、有计划地推进太空开发利用相关政策实施的必要事项。

（三）关于太空基本计划中制定的政策，原则上应确定该政策实施的具体目标及其达成的期限。

（四）太空开发战略本部在依据第一项规定制定太空基本计划时，必须及时通过互联网或其他适当方式进行公示。

（五）太空开发战略本部应适时调查依据第三项规定制定的目标的完成情况，并将其结果通过互联网或其他适当方式进行公示。

（六）太空开发战略本部应酌量太空开发利用的进展情况、政府对于太空开发利用所制定政策的实施效果等，适时对太空基本计划进行研讨，并在认为必要的时候加以变更。此种情况下，适用第四项规定。

（七）关于实施太空基本计划所需经费，为了确保必要的资金，政府必须通过在每年度国家财政允许的范围内将其纳入预算等方式，为保证其顺利实施制定必要的措施。

# 第四章　太空开发战略本部

（设置）

第二十五条　为综合地、有计划地推进太空开发利用相关政策的实施，在内阁设立太空开发战略本部（以下称"本部"）。

（所辖事务）

第二十六条　本部掌管以下事务：

1. 制定太空基本计划并推进其实施。

2. 除上一项规定外，还负责调查审议太空开发利用相关政策实施中重要事务的规划，推进政策实施及综合调整。

（组织机构）

第二十七条　本部由太空开发战略本部长、太空开发战略副本部长及太空开发战略本部员组成。

（太空开发战略本部长）

第二十八条

（一）本部的长官为太空开发战略本部长（以下称"本部长"），由内阁总理大臣担任。

（二）本部长总揽本部各项事务，并指挥、监督所属职员。

（太空开发战略副本部长）

第二十九条　本部设太空开发战略副本部长（以下称"副本部长"），由内阁官房长官及太空开发担当大臣（指接受内阁总理大臣任命，以协助内阁总理大臣为职责的、承担太空开发利用相关事务的国务大臣）担任。

（太空开发战略本部员）

第三十条

（一）本部设太空开发战略本部员（以下称"本部员"）。

（二）本部员由本部长及副本部长以外的其他全部国务大臣担任。

（资料的提供及其他协作）

第三十一条　为了遂行所辖事务，本部在认为有必要的时候，可以向相关行政机构、地方公共团体及独立行政法人［指《独立行政法人通则法（1999 年法律第 103 号）》中第二条第一项规定的独立行政法人］的长官及特殊法人（指依照法律直接设立的法人或依照特殊法律以特殊设立行为设立的法人，适用《总务省设置法（1999 年法律第 91 号）》第四条第十五号的规定）的代表寻求协作，使其提供资料、陈述意见、提供解释说明及其他必要的协助。

（事务）

第三十二条　本部相关的事务由内阁官房处理，受命后由内阁官房副长官管理。

（主任大臣）

第三十三条　关于本部相关事项，《内阁法（1947 年法律第 5 号）》中规定的主任大臣由内阁总理大臣担任。

（政令的委任）

第三十四条　除本法律的规定外，关于本部的必要事项由政令制定。

# 第五章　太空活动相关法律制度的完善

第三十五条

（一）为了实施太空活动相关规定及其他有关太空开发利用的条约和其他国际条约，政府必须综合地、有计划地、快速地完善与必要事项相关的法律制度。

（二）上一条规定的法律制度的完善，是为了增进我国在国际社会中的利益及推进民间太空开发利用。

# 附　则

（施行日期）

第一条　本法律自公布之日起不超过三个月内由政令规定之日起施行。

（为委托内阁府处理与本部相关事务的有关法律制度的完善等）

第二条　政府应以本法律实施后一年为期限，完善必要的法律及采取其他措施，委托内阁府处理与本部相关的事务。

（关于独立行政法人太空航空研究开发机构等相关事项的研讨）

第三条　政府应以本法律实施后一年为期限，对独立行政法人太空航空研究开发机构及其他太空开发利用相关机构，就其目的、职能、业务范围、组织形态的现状及管理该机构的行政机构等进行研讨，并加以调整。

（为综合并一体化推进太空开发利用相关政策实施而设立的行政组织形式等的研讨）

第四条　政府需对于为了综合并一体化推进太空开发利用相关政策实

施的行政组织形式等进行研讨，并在其基础上采取必要的措施。

（内阁总理、总务、法务、外务、财务、文部科学、厚生劳动、农林水产、经济产业、国土交通、环境、防卫大臣签名）

# 太空开发利用基本方针（修订版）

防卫省太空开发利用推进委员会

2014 年 8 月 28 日

## 一、修订宗旨

防卫省根据 2008 年成立的《太空基本法》设置了太空开发利用推进委员会，并且在 2009 年 1 月制定的《太空开发利用基本方针》（以下简称《基本方针》）中，决定对于安全保障领域如何拓展开发利用太空，展开超出以往一般化理论框架的深入研究。

之后，由于 2012 年《独立行政法人宇宙航空研究开发机构法》（以下称《JAXA 法》）的修订，独立行政法人宇宙航空研究开发机构（以下称"JAXA"）的目的规定中有关和平利用的表述与《太空基本法》相整合，因此，由 JAXA 进行有关安全保障目的的研究开发成为可能。

同时，在 2013 年由内阁会议决定的《国家安全保障战略》中，将基于国际协调主义的积极和平主义作为我国奉行的安全理念。在太空领域，一方面，太空在安全保障中的重要性显著增大，另一方面，也存在诸如太空垃圾（太空碎片）的增加、反卫星武器研发动向等阻碍持续稳定利用太空的风险，基于上述认识，作为我国应采取的国家安全保障方面的战略性举措之一，我们提出"确保太空的稳定利用及推进其在安全保障领域的灵活运用"的方针，旨在推进太空灵活运用的同时，确立太空态势感知体制。

在与《国家安全保障战略》一同通过内阁会议的《2014 年度以后的

防卫计划大纲》（以下称"13 大纲"）中，首次制定了有关太空的新项目，除继续强化灵活运用人造卫星的情报搜集能力和指挥控制、信息通信能力外，将通过监视太空态势活动等提高卫星的抗毁能力作为自卫队体制改革的重要事项之一。

综上，鉴于制定太空政策的环境发生了重大变化，此次，防卫省召开太空开发利用推进委员会会议，就旨在构建"联合机动防卫力量"的太空开发利用的发展方向进行探讨研究。

基于研讨结果，作为防卫省和自卫队，在防卫大纲等政府长期方针的指导下，从有计划地、现实地推进太空开发利用相关的各种政策措施落地的观点出发，将新的方向性纳入修订版《太空开发利用基本方针》。

## 二、太空开发利用的特性、意义及课题

按照《关于各国探索和利用包括月球和其他天体的外层空间活动所应遵守原则的条约》（所谓的"外层空间条约"）的规定，太空并不属于任何国家的管辖范围，所有国家依照国际法都可以自由利用。同时，因其难以受到气候的影响，如果灵活运用人造卫星的话，可以接近地球上的任何地方。各国灵活运用太空的此种特性，在国防领域，正在将人造卫星用于对飞机、舰船等难以接近的他国领域的军事动向实施侦察，以及用于提升武器装备的性能，如远距离快速精确地实施指挥控制、信息通信、提高导弹制导精度等。此外，人造卫星也被广泛用于定位、气象观测、通信与广播、陆域海域观测等其他领域，作为社会、经济、科学领域等的重要基础设施发挥着重要的作用。

利用人造卫星等进行太空开发利用作为国力的重要构成要素，对于维持、提高各国的防卫能力、经济实力、技术实力、软实力等具有重大意义。

鉴于太空开发利用的特性及意义，发射人造卫星的国家逐年增加。伴

随而来的是，毁弃人造卫星、火箭的零件及碎片等地球周围太空垃圾的增加，与之相撞而造成人造卫星功能丧失的危险性增大。

同时，从地面上指向人造卫星发射的导弹、攻击卫星（killer satel-lite）、激光等定向能武器、电磁干扰和电磁脉冲武器等反卫星武器的研发正在进行，如果这些被加以使用的话，不仅会阻碍在我国安保方面发挥着重要作用的太空的开发利用，由于反卫星武器的种类不同，也可能造成太空垃圾的进一步增加。一般来说，人造卫星并不具备防御想定可能受到的攻击的能力，因此，这也会成为人造卫星容易成为攻击对象的诱因。

这种状况对于国际社会来说，是对稳定的太空开发利用的重大威胁，有鉴于此，正在进行提高有关太空开发利用的国际秩序和规范的重要性的探讨研究。

### 三、近来防卫省的举措

防卫省和自卫队正在扩大以气象卫星、商用成像卫星等社会性普及卫星为中心的人造卫星利用。但其中大部分都是外国政府和企业等保有的人造卫星，现阶段，防卫省和自卫队并不拥有自己的人造卫星。

现在，在对部队运用来说至关重要的指挥控制、信息通信领域仍在发挥作用的的 3 颗民用 X 波段通信卫星中，有 2 颗即将到达设计使用寿限。作为其后续卫星，防卫省正在研发适应自身通信需求的第一颗卫星，预计于 2016~2017 年左右投入使用。

此外，为应对太空垃圾增加等问题，正在进行太空态势感知相关调查研究活动。

除了定期举行日美以及日、美、澳三国关于安全保障领域的太空战略协商外，防卫省基于 2012 年修订《宇宙航空研究开发机构法》的基础上，还缔结了技术研究本部与宇航研发机构间的一揽子合作协定。

## 四、防卫省关于太空开发利用的基本方针

### (一) 对于太空的认识

为了防卫省和自卫队今后能够有效、高效地遂行多样化任务，在利用太空中应灵活利用人造卫星可以接近地球上任何区域这一特性，同时利用太空应对在太空中飞来的针对我国的弹道导弹袭击等各种事态也极为重要。

按照现在防卫省和自卫队利用太空的目的，可将太空大致分为：①利用人造卫星进行情报搜集等诸活动的"活动空间"，②通过利用人造卫星进行己方通信中转、收发定位所必需的信号，支持全球行动中的指挥控制和信息通信的"基础空间"。同时，关于以应对太空中弹道导弹攻击为代表的太空利用，基于③包含早期预警在内的、应对太空中各种事态的观点，可以将其定位为"应对空间"。

鉴于近来存在诸如太空垃圾的增加、反卫星武器研发的推进等对于太空稳定利用造成重大威胁的因素，今后防卫省和自卫队在谋划作为"活动空间""基础空间"及"应对空间"的太空利用方面，有必要以"确保太空安全"为必要前提。

### (二) 旨在构建"联合机动防卫力量"的太空开发利用的现状

鉴于围绕我国的安全保障环境日益严峻，今后，防卫省和自卫队为适时、适当地应对各种事态，切实保护国民生命财产和领土、领海、领空安全，通过日常方面的常态监视来确保信息优势，尽早发现各种征兆，进行无缝、机动的应对是非常重要的。为了确保这种信息优势，将太空作为"活动空间"加以利用，可以增强防卫省和自卫队的 ISR（情报、侦察、监视）功能。

将太空作为"基础空间"来利用，还能够部分实现 C4（指挥、控制、

通信、计算机）功能，确保联合运用背景下的快速信息共享、部队的机动行动和武器装备自我定位，支撑防卫省机关和部队的指挥控制和信息通信。

在进行这样的太空利用之际，灵活运用符合防卫省和自卫队要求标准的人造卫星系统，有助于有效、高效地增强情侦监功能和确保部分 C4 功能得以实现。

将太空作为包含早期预警在内的"应对空间"加以利用，可以有效应对诸如弹道导弹攻击等各种事态，能够尽早发现弹道导弹发射的有关征兆，依靠多层防护体系，机动且持续地应对。

总之，太空开发利用既能增强、确保支撑"联合机动防卫力量"的 $C^4ISR$ 功能，同时也是有效应对各种事态的极为重要的手段。

基于以上认识，鉴于确保太空安全在确保太空开发利用方面的重要性，今后，防卫省和自卫队将在实现"反映防卫省和自卫队需求的、稳定的太空开发利用"方面发挥主导权。

另一方面，太空开发利用因其项目规模和风险大，要求的技术专业性高，"反映防卫省和自卫队需求的、稳定的太空开发利用"应将工作重点放在参与与政府整体研讨以及和相关政府部门、同盟国等的合作上，这一点非常重要。

（三）今后的重点举措

一是涉及三个视角的努力方向。

今后，将从以下三个视角来推进作为"活动空间""基础空间""应对空间"的太空的利用。

1. "活动空间"视角

使用人造卫星将太空作为"活动空间"来利用，旨在通过对持续、大范围内的情报搜集发挥效果，来增强防卫省和自卫队的情侦监功能，确保信息优势。

人造卫星能够接近地球上的任何地区，另一方面，飞机（包括无人机）等可能接近的范围是有限的，人造卫星具有可以在任何时间接近的特性，因此，在全面提高情侦监功能之际，将人造卫星的使用与飞机等装备的采购和性能的提高二者相互配合并平衡发展至关重要。

基于此种考虑，防卫省和自卫队从准确发挥情侦监功能的观点出发，多渠道获取由搭载多种传感器的人造卫星采集的图像，将太空作为"活动空间"加以积极利用。同时，还将积极参与相关政府部门推进的遥感政策制定，通过反映防卫省和自卫队的需求，培育旨在增强情侦监功能的遥感技术基础。同时，还将继续积极参与加强情报搜集卫星群（constellation）能力的研发活动。

根据实际情况，在有必要进一步提高情报搜集效果的情况下，将进行关于能够弹性地、低成本地增强情侦监功能的应急型小型卫星系统的调查研究等。届时，也会充分考虑有效利用民生领域的研发成果。

关于利用人造卫星进行海洋态势感知（MDA：Maritime Domain Awareness），鉴于其目的不仅可用于安全保障，还在于有效监视经济、环境等各种与海洋相关的活动，今后将继续与同盟国反复协商，同时参加全政府研讨。

2. "基础空间"视角

太空作为"基础空间"的利用形式包括通信卫星、定位卫星的利用。

（1）通信

从自卫队的运用和发生灾害时的抗毁性等方面来看，通信卫星是难以替代的、重要的通信基础设施，近来伴随着装备等的高性能化，通信需求增大，因此，可以预见其重要性将日益增强。

特别是 X 波段通信卫星被用于对部队运用极为重要的指挥控制和信息通信，由于民用的现有 2 颗卫星将迎来设计寿命年限，其替代卫星将以

PFI（Private Finance Initiative 私人融资倡议）方式展开研发，这将是防卫省通信所需的第一颗由防卫省拥有的卫星。

2020 年左右，自卫队使用的剩余的 1 颗"超级鸟"2 号民用卫星将迎来服务期限终结。为此，从确保支撑联合运用背景下的快速信息共享、部队机动行动的 C4 功能得以实现的观点出发，并考虑到研发该后续卫星的必要性，防卫省从 2014 年开始实施有关采办方式和卫星技术动向的调查研究。今后，从 2016 年开始，防卫省将以自主研发该后续卫星为前提，具体研究在以 PFI 方式签署合同之际邀请必要的外部专家进行支援等事项。

（2）定位

拥有卫星定位功能的装备等正在切实增加，防卫省机关和自卫队部队现有大多数武器装备上搭载了 GPS 接收装置，以此获取卫星定位功能，进行高精度自我位置测定，提高导弹的制导精度，已成为支援高水平部队行动的重要手段。

近年来，可对 GPS 信号进行电磁干扰的价格便宜的电子设备在全世界范围内扩散。对此，美国计划 2015 年以后发射新一代高精度、高抗毁性 GPS 卫星。防卫省将继续使用 GPS 卫星实现导航定位功能。

另一方面，从完善、增强 GPS 卫星服务的观点出发，我国正在加紧发展"准天顶"卫星系统。该系统旨在强化产业的国际竞争力，实现产业、生活、行政的高水平化和高效率化，提高在亚太地区的贡献度和我国的存在感，强化日美同盟及提高应对灾害能力，在广义的安全保障方面发挥作用。防卫省将根据今后卫星定位功能的需要和该系统使用所需经费等，在优化效费比的情况下推进利用。

3. "应对空间"视角

"13 大纲"中指出，鉴于朝鲜弹道导弹能力的提升，我国应谋求综合性提升弹道导弹应对能力；而且，在构建弹道导弹防御系统时，为强化能够防护我国全境的能力，应同时加强其快反态势、实时拦截能力及可持续应对能力。

作为上述举措中的一环，为进行有关尽早探测、探知经太空飞向我国的弹道导弹的发射征兆和发射情报可能性的研究，通过将技术研究本部研发的高性能双波长红外线传感器搭载于文部科学省和宇航研发机构计划联合研发的"先进光学卫星"上，进行太空实证研究，以此积累传感器的卫星搭载、运用及红外线卫星图像解析方法等相关的技术知识。

此外，继续接受美国准确提供给我国的早期预警情报，该情报系对朝向我国发射的弹道导弹的第一波次预警，既有助于确保我国弹道导弹防御之万全，也有助于确保民众安心与安全。

另一方面是确保太空安全。在推进作为"活动空间""基础空间""应对空间"的太空利用方面，确保太空的安全是必要的前提。但鉴于近年来太空垃圾增加和反卫星武器研发等情况，除了人造卫星和太空垃圾相撞的可能性增大之外，人造卫星系统也可能成为高价值攻击目标。

如果发生因此种威胁造成的妨碍太空安全利用的情况的话，防卫省机关和自卫队部队以及整个国家的太空活动基础将受到损害。

为了应对这一问题，防卫省将从防止太空垃圾与人造卫星相撞、慑止使用反卫星武器发起的攻击等观点出发，提高太空态势感知（SSA：Space Stuational Awareness）能力，采取具体的措施，防止妨碍太空安全利用。

基于上述观点，防卫省将会同内阁府、文部科学省展开具体的研讨，以全新拥有掌握太空垃圾和反卫星武器等太空物体精确动向的太空监视功能为前提，实现发展追踪太空物体所必需的传感器和解析系统的建设目标。

届时，如果能灵活运用宇航研发机构等拥有的人造卫星追踪能力和技术知识，就可望实现有效、高效的太空监视功能，因此，在今后的研讨中，为最大限度地发挥上述技能，防卫省将开展与相关政府部门等的合作。

同时，在系统建设过程中，为最大限度发挥其效果，除了与在世界各地配备传感器的同盟国相互共享观测到的情报外，也可考虑由我国提供安全的火箭发射支援，以及将该系统应用于监视那些可能落入我国境内的失控的人造卫星等用途，以确保民众安全，让民众放心。

即使采取了上述措施，为了防止万一真正发生妨碍太空安全利用的状况，为避免防卫省机关和自卫队部队的能力不会因此而受损，应从确保人造卫星系统的生存能力和确保在轨人造卫星系统的弹性复能两个视角，来研究对策。

一是在确保生存能力的对策方面，可考虑通过开展反卫星武器动向相关情报搜集与分析，同时展开对人造卫星防护技术和人造卫星通信反干扰技术的调查研究，研究有效、高效的对策。

二是在确保弹性复能的对策方面，可考虑开展对可用于替换在轨失能人造卫星的快反型小型卫星系统相关调查研究，积累相关技术知识。

## 五、推进太空政策中的共同课题

### （一）体制建设

今后，防卫省应通过派遣人员参加与国外政府和研究开发机构等的交流和研修，来推进人才培养，与此同时，也要不断完善太空开发利用相关的政策、运用、采购以及技术部门的体制。尤其是在运用方面，配合拥有太空监视功能，研究在防卫省如何实现设立以太空监视为任务的专职机构。

在进行单个项目管理方面，可考虑在综合采办制度改革框架下，灵活运用项目经理及综合项目组（PM/IPT：Project Manager/Integrated Project Team）体制这一项目管理方法，研究推进有效、高效的体制建设。

此外，还应努力推进防卫省与占据政府太空开发利用技术支持核心执行机构地位的宇宙航空研究开发机构之间的合作，努力积累太空开发利用所需的专业知识。

## （二）效费比最大化

对于防卫省机关和自卫队部队来说，通过太空开发利用获得的能力固然极其重要，但是，一般来说，太空开发利用不仅项目规模和风险大，所要求技术的专业性也很高。另一方面，人造卫星系统的设计寿命多为数年至15年左右，与其他装备相比较短。鉴于近来防卫省严峻的财政状况，通过防卫省主导的人造卫星的开发、完善等来实现所有这些能力的强化较为困难。

因此，今后防卫省为了推进反映自身需要的太空开发利用，实现效费比最大化是必不可少的。

具体而言，在进行人造卫星系统的研发时，应通过与技术研究本部和国内研发机构等的共同研究，灵活运用这些机构积累的技术知识，努力达到效费比的最大化。

届时，应考虑从防卫领域到民生领域的技术扩散效果等对国内机构等而言能够带来的好处，适当提高对联合研发的激励。

同时，在建设运用人造卫星系统时，除了谋求通过与有关政府部门及民间企业等相互搭载与共享设备来减轻采购经费负担外，还可考虑采取能够灵活发挥民间能力的私人融资倡议等采办模式，追求效费比的最大化。

此外，针对人造卫星所特有的发射失败的风险，应根据需要，通过防卫省投保太空险等方式，将发生不测时国家的负担费用控制在最小限度以内。

## （三）太空产业

在2013年由太空开发战略本部制定的《太空基本计划》中，太空产业被定位为对于提高国民生活质量、发展社会经济、确保安全保障、提高科学技术所不可或缺的产业，是国家自主进行太空活动的基础。

今后，随着以 X 波段通信卫星网络构建为标志的、适应防卫省机关和自卫队部队需求的卫星系统建设取得进展，我国的太空产业作为防卫生产和技术基础的地位将会得到提高，进而获得潜在的威慑效果和提升对外交涉能力。

2014 年由防卫省制定的《防卫生产和技术基础战略》中也指出，将与防卫省出台的《太空开发利用基本方针》相匹配，从国土防御的角度，研究未来所必需的防卫生产和技术基础的发展态势。

一般而言，太空产业从其特性来看，与传统的防卫装备等相比，卫星平台、搭载的传感器、地面系统等容易实现军民两用化，很难按照防卫和民生用途进行严格区分。因此，防卫省今后在把握太空产业的现状和产业结构、有相对优势领域的强弱点等实际情况时，应参照《太空基本计划》中提出的举措，加强与在上述领域掌握专业知识的相关政府部门间的合作。

此外，还应通过将我国之前以技术获取为重点的太空开发利用中培养出来的技术成果与防卫省机关和自卫队部队的需求无缝对接，并融合到 $C^4ISR$ 功能当中，以期对"联合机动防卫力量"构建发挥更大效果。防卫省在与相关政府部门合作时应充分考虑上述要点。

根据《太空基本计划》，作为维持和强化太空产业政策的一环，旨在扩大太空利用和推进其产业化的太空研究开发以及在研发过程中灵活运用官民间合作、补助金、按需保障等政策手段之际，如果能够确保符合防卫省方面需求且效费比高的产业竞争力，则可望能够在提升 $C^4ISR$ 能力、确保安全保障主体性及推进产业化之间形成新的良性循环国。防卫省应围绕上述思路加强与相关政府部门的合作。

## 六、结语

对于防卫省来说，通过太空开发利用获得的能力对于增强和确保支撑

"联合机动防卫力量"的 $C^4ISR$ 功能具有极其重要的作用。同时，鉴于太空威胁正在增大的现实，为确保这些能力而维持太空安全也同等重要。届时，考虑到太空开发利用的特性，如太空装备与传统防卫装备相比，防卫用途和民生用途之间的门槛比较低，应推动全政府参与策划讨论，不仅在安全保障领域，也应在民生领域加强与相关政府部门的合作，以期高效、有效地推进"反映防卫省机关和自卫队部队需求的稳定的太空开发利用"。

今后，当政府出台有关太空政策的新基本指针之际，可以根据需要，对本基本方针再次进行修订。

# 关于政府危机管理机构的最终报告

关于政府危机管理机构的副大臣会议

2015 年 3 月 30 日

## 一、绪论

目前，日本政府以灾害、事故等为中心课题，进行危机管理工作。由内阁官房（事态应对及危机管理部门）和内阁府（防灾部门）牵头，从政府一体化的宏观视角对危机管理工作进行统筹协调，而各机关省厅（警察厅、消防厅、国土交通省、海上保安厅和防卫省）、日本原子力规制委员会及各省厅防灾对口部局，则在各自的管辖范围内展开应对。

政府吸取东日本大地震（2011 年 3 月 11 日）的经验教训，假想日本南海海槽发生地震或首都发生直陷型地震等灾情，并制定了应对策略。日本不断完善防灾对策，曾两次修改《灾害对策基本法》（1961 年 法律第 223 号）。

尽管如此，围绕危机管理机构的体制，当前政府还在就下列几项议题进行讨论：《原子力规制委员会设置法》（2012 年 法律第 47 号）；2013 年众参两院"灾害对策特别委员会"针对《灾害对策基本法》修改法案和灾后复兴相关法案的附带决议；推动实现国民美好生活、促进防灾及减灾工作的《国土强韧化基本法》（2013 年 法律第 95 号）；推进东日本大地震灾后复兴工作的第 4 次提议（2014 年 8 月 6 日 自民党、公明党）。

在此背景下，2014 年 8 月，召开了关于政府危机管理机构的副大臣会议，在核实现行体制（包括相关省厅在内）的前提下，与各主要国家（地区）进行比较，探索最适合日本的危机管理机构的体制。

2014 年，日本先后发生了山梨县暴雪灾害（2 月）、广岛泥石流灾害（8 月）和御岳山火山喷发灾害（9 月）。对此，政府先后三次设立非常灾害对策本部（以下简称"非常本部"）加以应对。此次讨论，正是建立在以往的灾害应对经验的基础上，旨在确保大规模灾害发生之际，政府能够于紧急灾害对策本部（以下简称"紧急本部"）和"非常本部"等特殊体制下，迅速、准确地采取应对行动。为达到这一要求，会议就如何及早强化现行体制、加强相关省厅合作、确保与受灾地方的协调配合、培育相关领域人才等问题展开讨论。同时，会议还参考了其他国家（地区）危机管理机构的体制，探讨日本今后进行体制改革的必要性。以下即为本次副大臣会议的最终报告内容。

## 二、现状

关于政府的危机管理机构，在讨论过程中形成了如下论点。

1. 跨省厅的应对行动中合作分工、权限分配的方式

（1）在跨省厅的应对行动中，何为理想的合作分工方式？

为确保政府一体化应对灾害的实效、提升行动效率，着眼各省厅在现行合作机制中的待完善之处；

由政府构建框架，统筹协调各省厅政策、工作以及行动时机的必要性；

《国会事故调查委员会提言》（"明确紧急情况下政府、地方以及工作人员的责任分工"相关内容）提出：在紧急情况下，各应对主体间的责任分工存在划分不明的疏漏；

作为东日本大地震的经验教训，要围绕食品物资供给、失踪人员搜寻、废墟处置和灾害医疗等诸多课题，不断推动制定新对策，同时进一步探讨机构体制的待完善之处。

（2）在跨省厅的应对行动中，何为理想的权限分配方式？

（平时或紧急情况下的）统筹协调机制的待完善之处；

在美国，当总统宣布发生大规模灾害或紧急事态时，联邦紧急事务管理署（FEMA）即可有力地发挥协调指挥权限，日本是否应该引进类似的制度。

2. 全灾害设想（包括复合灾害应对）

（1）是否应该依据灾害的不同类型，分别制定根据法、指定相应省厅负责应对？

建立合理制度，使政府能够针对各种类型的灾害、事故，采取适当的应对行动；

规定具体在何种程度的事态下，可由单个部局进行一元化统筹应对；

是否有必要针对所有灾害、事故，制定具有一定规范性的统一因应方法；

面对自然灾害和紧急事态叠加的复合灾害，政府应建立何种应对体制与合作方式。

3. 现场统筹协调功能（包括与地方间的合作）

（1）在探讨最适合日本的危机管理机构时，思考何为必备的现场统筹协调功能？

通过制定方案，强化在受灾现场的统筹协调功能；

强调政府一体化应对灾害，在灾害因应规范化、现场机构完善化的基础上，使现场统筹协调功能发挥更大的作用；

调整现场机构时，重新梳理机构、地方和灾害对策本部之间的关系。

4. 平时与紧急情况下的工作、机构体制

（1）何为理想的灾害应对部局的机构体制？

（2）统管灾害应对部局的人员应配以何种职位？

扩充灾害应对部局体制、调整工作负责人的职级。

5. 人才培育、研修和训练等

（1）如何培养具有防灾、危机管理知识的专业人才？

实施促进专业人才养成的策略。

（2）如何对各运行机关、地方政府加强教育培训，以促进各省厅的顺畅合作？

面向各运行机关、地方政府人员，开展灾害应对教育培训；

模仿 FEMA 下属的 EMI（危机管理教育机构），建立完备的培训设施、引进研修课程（注重与各省厅现存的培训设施、研修课程的整合）。


上述各论点的现状如下所示。

（一）跨省厅的灾害应对

1. 合作分工方式

（1）在内阁危机管理总监的指挥下，由内阁官房（事态应对及危机管理部门）和内阁府（防灾部门）统筹协调危机管理应对工作，各省厅在各自的工作范围内明确责任、分工应对。

紧急情况下，召集相关省厅官员（局长等）赶赴官邸，组成紧急事态小组，共享情报、商讨应采取的初期应对措施。

面对自然灾害，从平时构筑起中央防灾会议等合作框架；建立长效机制，在紧急情况下设立"紧急本部""非常本部"，进行必要的合作。

（2）各省厅的工作内容、行动时机可根据现实情况自主决定。在此基础上，政府将通过（平时）实施防灾基本计划等途径，一体化统筹安排各省厅的政策和防灾工作，并建立新的机制，确保在紧急情况下通过"紧急本部"等机构完成必要的协调工作。

（3）吸取东日本大地震的经验教训，政府为强化防灾对策曾先后两次修改《灾害对策基本法》，将"确保举国上下合作应对、明确分工"和

"通过准确掌握灾情、合理分配资源等方式优先保护国民生命健康"作为制定防灾对策的基本理念，针对不同类型的灾害出台了相应规定。另外，不断完善防灾基本计划，在实际运行层面做出调整，促进各种合作。

具体而言，比如：

引入临灾应急机制，当地方政府职能发挥受阻时，通过设立各级协调机构由国家协助或代为行使，同时推动缔结防灾合作协定；

在医疗活动方面，维持医疗力量输出体制，如灾害据点医院、灾害派遣医疗队等；

当实施广域避难计划时，协调地方接纳来自其他地区的受灾居民；

创设新机制，构建"输送型"援助设施，向灾区提供救援物资，同时扩充物资储备，引进"物资调拨系统"；

在废弃物处置方面，加强政府的宣传功能，制定《灾害废弃物对策指针》；

另外，围绕避难所设置、遗体处理等问题，分别进行讨论，从而做出相应调整。

2. 权限分配方式

（1）在内阁危机管理总监的指挥下，由内阁官房（事态应对及危机管理部门）和内阁府（防灾部门）根据各府省厅的职责分工进行统筹协调，共同构成政府的危机管理应对。

（2）在防灾大臣的领导下，由内阁府（防灾部门）统筹协调平时的防灾工作，中央防灾会议（内阁总理大臣领导、全体阁僚参加）制定防灾对策，各省厅推动实施防灾政策。根据内阁府设置法（1999 年 法律第 89 号）第 12 条相关规定，无论平时或灾时，在统筹协调的过程中，防灾大臣有权对各行政机关的领导给予行政劝告。

（3）内阁官房长官、内阁危机管理总监负责协调危机管理的统筹工作；面对各种灾害、事故，由内阁官房（事态应对及危机管理部门）对政府的初期应对体制实施一元化统筹协调。

（4）在发生特大自然灾害的情况下，政府将设立高级"紧急本部"（级别等同于全体阁僚参加的内阁会议），由内阁总理大臣任本部长，统筹协调灾害应急行动。本部长有权指挥、监督副本部长及本部成员的工作，向各省厅长官发出指令。

（二）全灾害设想（包括复合灾害应对）

1. 日本面临的各种紧急事态各有其特点，对于应对行动的专业性也有不同的需求。

依照紧急事态的类型，政府制定根据法、指定各应对省厅情况如下：

| 紧急事态类型 | 根据法 | 主要负责省厅 |
| --- | --- | --- |
| 自然灾害及大规模火灾、事故等 | 《灾害对策基本法》 | 内阁府防灾部门（事故灾害发生时，相关省厅担任事务局的中心工作） |
| 核灾害 | 《核灾害对策特别措施法》（1999 年 法律第 156 号） | 原子能管理委员会；内阁府（防核灾部门） |
| 新型禽流感疫情等 | 《新型禽流感对策特别措施法》（2012 年 法律第 31 号） | 内阁官房 |
| 武力攻击事态等 | 《在受武力攻击事态等情况下确保我国和平、独立以及国家和国民安全的法律》（2003 年法律第 79 号） | 内阁官房 |

同时，无论面对何种灾害、事故，情报搜集、挽救生命都应作为中心工作开展，其应对行动具有共通性，因此内阁官房（事态应对及危机管理部门）要对初期应对体制实现一元化统筹协调。

2. 日本面临的诸多灾害、事故各有其特点，对于应对行动的专业性也有不同的需求。另一方面，规范各项灾害应对行动中的共同科目也具有重要意义，目前该工作由防灾对策执行会议（隶属于中央防灾会议）领导的灾害对策规范化工作组、各省厅的运行机关工作组负责。

3. 当地震等自然灾害与核电站事故、工厂事故等其他类型的灾害并发时，政府必须快速部署行动，相关省厅与应对本部之间相互配合，及早完成灾害应对行动中的共同科目。尤其当发生包括核灾害在内的大规模复合灾害时，"紧急本部"事务局和核灾害对策本部（以下简称"核灾本部"）事务局应合作应对。

（三）现场统筹协调功能（包括与地方间的合作）

1. 灾区现场的工作，由国家、地方各级实际运行机关与各相关省厅的派驻机构共同担任。目前，内阁府防灾部门尚未设置地方部局，当发生灾害时，先以内阁府职员为中心组成先遣队赶赴现场，同时根据《灾害对策基本法》的相关规定，设立现场对策本部以协调各省厅分工合作。

灾害发生时，国家与地方间加强合作、准确搜集情报，并在此基础上迅速反应、采取适当的应对措施。通过修改《灾害对策基本法》，实现情报共享与分工合作。具体通过上述先遣队赶赴灾区现场、各省厅的派驻机构搜集情报、国家与地方政府召开共同会议等方式，实现情报共享及合作应对。

2. 当发生大规模灾害时，受灾市町村政府的职能发挥受阻，暂由都道府县政府协助其行使职能。当发生大范围特大规模灾害时，受灾都道府县的政府职能发挥受阻，难以协调国家及各地的支援救助和物资调拨。对此，应修改《灾害对策基本法》，创建由国家协助（灾害应急对策）、代行（应急措施）地方政府职能的相关制度。

（四）平时与紧急情况下的工作、机构体制

1. 在内阁危机管理总监的指挥下，由内阁官房（事态应对及危机管理部门）和内阁府（防灾部门）统筹协调政府的危机管理应对。当发生大规模自然灾害时，设立"紧急本部"和"非常本部"，并由两本部人员担任事务局的重要岗位。

2. 面对非常规特大自然灾害时，设立"紧急本部"，内阁危机管理总监任本部成员，（防灾）政策统括官任事务局长，内阁官房危机管理审议官、内阁府大臣官房（防灾）审议官及消防厅审议官任事务局副局长。另外，应当建立机制，规定当受灾地方政府设立现场对策本部后，向灾区现场派遣内阁府大臣官房（防灾）审议官、内阁府（防灾）政策统括官参事官以及相关省厅要员。

3. 吸取东日本大地震的经验教训，加强"紧急本部"的体制建设，调整事务局人员编制（由 180 人增至 230 人），并将各班负责人提升至干部人员级别。另外，当发生大规模灾害时，强化应对体制，考虑设立多个现场对策本部，同时调整人员编制（南海海槽地震：由 130 人调整至 250 人；发生首都直陷型地震：由 130 人调整至 150 人）。

4. 加强内阁府（防灾部门）体制建设（由 2011 年底 5 名参事官、共59 人编制，调整至 2014 年底 8 名参事官、共 92 人编制）。

（五）人才培育、研修和训练等

1. 反思当前的政府人员配置情况：许多职员平均每两年即经受一次职位调动，特别是内阁官房（事态应对及危机管理部门）和内阁府（防灾部门）人数不足、多依赖从外单位借调，因此上述倾向尤为明显，更难以维持灾害防范、危机管理所需的专业力量。

2. 为确保参与灾害应对行动的专业人才力量，内阁府（防灾部门）正创建备案制度，旨在向部分省厅（目前包括内阁府、总务省和国土交通省）征募有意助勤的人员。

3. 通常情况下，内阁府、各省厅将地方政府和相关机构职员列为参与研修的人员，地方政府与相关机构也会实行联合培训。然而各级机关组织的进修、培训活动，难以确保跨单位合作的高度一致性。为推动各级政府培育防灾人才的进程、提升防灾人才的综合能力、促进各机关协力合作，必须进一步加强研修、培训活动。

## 三、各国危机管理机构的现状

此次召开副大臣会议、探讨适合日本的政府危机管理机构。在制作报告之际，针对其他主要国家（美国、英国、德国、法国、韩国等地区）危机管理机构的现状一并进行了调研。调研结果由内阁府（防灾部门）制成，具体内容可于《关于政府防灾、安全保障、危机管理体制的调查》（2014 年 3 月）与各机关官网及公听会查看。

1. 作为调查对象的国家各有其统治机构，不可一概而论。然而，唯独美国设置了专门负责危机管理应对的机构——FEMA（联邦紧急事务管理署），其他各国的组织编成暂与日本保持同一水准。

2. 基于全灾因应的理念，有些国家设置了部局，以期发挥重要作用。就防灾部门的职员人数而言，英国约 60 人、法国约 150 人，但其功能仅限于在灾害的初期应对阶段充当部长级决策机关的事务局，负责搜集汇总受灾情报、协调相关省厅工作等，并不包括从灾害、事故的预防到灾后重建等各阶段的全部工作。面对各类灾害、事故，这些国家的初期应对举措，与日本由内阁官房（事态应对及危机管理部门）负责一元化统筹协调的思想，颇具相似之处。

3. 作为调查对象的所有国家都设有灾时特殊机构，负责协调相关省厅的工作，如英国的 COBR（内阁紧急应变小组）、法国的 CIC（省厅危机管理中心）、德国的危机管理特别工作组等，以这一机构为核心，组织各省厅开展灾害应对工作，其机制类似于日本的"紧急本部"和"非常本部"。

4. 在灾害应对上，美国也并非由 FEMA 承担全部工作，而是由各省厅充当协调机关、主管机关和后勤机关分别采取应对措施，共同承担紧急援助工作（ESF）。其他国家亦如此，各国都创建了相关机制——以主要负责省厅为核心、各相关省厅协作应对灾害，如英国会根据紧急事态的种类，指定主管省厅（LGD）为中心，统筹多个省厅开展合作应对。

5. 另外，在人才培育方面，部分国家在危机管理部门下设培训机构，针对本部门或地方职员开展培训，如美国的 EMI、英国的 EPC（应急规划研修所）和德国的 AKNZ（应急规划和民事保护学院）。

（一）美国

1. 危机管理机构概要

美国在 1979 年设置了联邦紧急事务管理署（FEMA，该组织于 2003 年移至国土安全部下属），负责危机管理应对工作。FEMA 以管理署长官为最高领导，共编有 7672 名正式职员（10600 名紧急事态时工作人员），预算经费约 136 亿美元（其中包括洪水保险 36 亿美元，2013 年数据）。

美国基本上适用全灾因应的理念，但针对生物灾害、网络灾害、核灾害等特殊情况，会指定具有专业知识的相关省厅主导工作。

政府还将在灾害现场利用 ICS（事故指挥系统）管理系统，规范紧急情况下的传令模式和管理手段。以这一系统为核心，美国引入了 NIMS（国家事故管理系统）危机管理标准模型，并照其制定应对各种灾害及非常事态的 NRF（国家应急框架）方针。

2. 平时应对

FEMA 下辖保护筹备部、应急重建部、保险缓冲部、消防局、支援活动组等机构。其中，保护筹备部负责构建政府的理想态势和危机管理框架等防灾机制，并发行一年一度的国家筹备报告（NPR），论述美国面临的风险及目前的应对现状。应急重建部在灾时采取应对措施；在平时负责推动与灾害应对、灾后重建有关的计划制定和事前筹备。

政府还将全国分为 10 个地区，分别建立常设地区事务所，处理相关工作。

3. 紧急事态时的应对

若发生大规模灾害或紧急事故，超出州政府的应对能力范围，有升级为特大灾害之虞，州长可向总统申请，由总统宣布国家发生大规模灾害或紧急事故。一经宣布，即任命联邦协调官，统筹联邦政府与地方政府的救助活动及资源调拨，（根据《罗伯特·斯坦福救灾与应急救助法》和国家应急框架相关规定）开始实施以 FEMA 为中心的联邦援助活动。

政府发挥紧急援助职能（ESF）时，将全部工作分为 14 种类型，并指定各省厅分别作为协调机关、主管机关和后勤机关。若各机关间难以顺畅合作，则由 FEMA 发挥最终的统筹协调功能。FEMA 通过任务分配，从负有 ESF 职能的各省厅中抽调人员、搜集物资。

另外，全国 10 个地区事务所将于灾时向现场派遣人员，在联邦政府与州政府间发挥联络协调作用。

4. 教育培训

作为防灾教育机构，FEMA 设立了国家应急管理学院（EMI），面向联邦政府职员、地方政府职员和企业的相关部门人员展开教育培训，仅 2007 年参训的人数就高达 14000 余人。

（二）英国

1. 危机管理机构概要

2001 年，英国在内阁府下设紧急事务秘书处（CCS），负责危机管理应对工作。CCS 编制约 60 人，分为 4 组，分别负责"调查及方针制定""强韧性维护""危机、基建及强烈冲击"和"筹备与应对"相关事务。CCS 的预算支出仅限于平时应对，紧急事态应对工作的相关预算则由各省厅承担。

《国民紧急事态法》适用于自然灾害及传染病、恐怖活动、生命线危机与国家基础设施停运等各种紧急情况。根据具体事态，政府分别指定了主管省厅（LGD），而 CCS 负责统筹协调灾时（包括自然灾害、核灾害等一切紧急情况）各机关的活动。

2. 平时应对

CCS 的平时工作主要包括"危机评估""筹备与计划""应对与振兴"和"强韧性构筑" 4 项。政府将紧急事态处置的职责交由地方政府的同时，也赋予警察机关、消防急救等其他机构同一职责，由此建立起各机关共同应对危机的"多机构应对体制"。

各地多由警察机构实施紧急事态应对行动、由地方政府担任事务局的对口部门，然而对于其他各机关，警察机构和地方政府并不具备明确的指挥权限。英国此前曾设有地区政府事务所，后于 2010 年撤销。

3. 紧急事态时的应对

当发生紧急事态并酿成广泛影响时，政府成立内阁紧急应变小组（COBR），并在国家安全委员会（NSC）下属的威胁·危险·强韧性及紧急事态应对委员会（THRC）上讨论国家应对方案（NSC-THRC 为部长级别的委员会，以 CCS 作为事务局）。接下来，根据紧急事态的类型指定主管部门（LGD），协调各省厅开展应对工作。其他省厅负责对 LDG 进行协助支援（并非赋予 LDG 对其他省厅的指挥命令权限）。

灾时，派遣事态应对工作重要官员前往现场，负责政府与地方间的联络通讯。

4. 教育培训

CCS 下属的紧急事务规划学院（EPC）面向地方政府职员等实施培训，每年参训人员达 7000 名。

（三）德国

1. 危机管理机构概要

原则上只要不涉及军事问题，危机管理应对工作交由各州自行负责，未根据事态类型有所区分。若确需联邦政府支援，则由内政部负责国内危机管理应对工作（包括自然灾害应对等），其事务主管部门为危机管理及公民保护司（KM）。另外，政府于 2004 年设置市民保护及灾害援助机构（BBK），负责协调联邦的危机管理活动（向各州进行支援），其工作受 KM 监督。

2. 平时应对

灾害援助机构下属危机管理部、紧急事态时对策·重要社会基础·国际合作部、技术研究·健康防护部、民事保护训练和危机管理·紧急事态时计划·民事保护学院部等机构。同时，成立联邦技术支援队（THK），为民事保护和防灾救护活动提供技术支撑，例如当市镇消防局遭遇难以处置的特殊火灾时，联邦技术支援队可应其请求、提供专业技术支援。

根据德国宪法规定，各州平时须对各类灾害进行应对，不同灾害类型的应对工作之间没有结构性差异。除战争时期外，联邦政府不承担民事保护的职责，平时的各类灾害应对工作由 16 个州各自担当。各州又将具体的灾害应对工作全权交由下辖的县、市、镇处理，因此灾害应对的相关活动都是在县、市、镇的层面实际运行。

3. 紧急事态时的应对

根据各州的法律规定，灾时县、市、镇政府通常被当作临时应对机关，其长官负责紧急事态和灾区现场的应对管理工作。若发生跨境大规模灾害，超出了该州的应对能力，则在内政部下设危机管理特别工作组，协调各省厅开展合作，各省厅与该州分别向工作组派遣联络官员。工作组成立后，内政部将携手各省厅及其他州，承担支援灾区的协调工作。为规范灾时的指挥命令，政府出台了《一般事故指挥条例 100 条》（简称《DV100》）。尽管德国境内各地通用《DV100》，但它只在框架层面规定了灾害对策本部的编制和指挥命令的系统流程，并不影响现场指挥人员的决策下达。此外，各州在处理灾害应对工作时具有自由裁夺权，无义务遵从条例上的规定事项。

4. 教育培训

BBK 下属的危机管理、应急规划及民事保护学院（AKNZ）负责面向州、县、市、镇的各级领导开展教育培训，设置了旨在培养指挥员的模拟训练课程。

（四）法国

1. 危机管理机构概要

2011 年，法国在内政部下设民防和风险管理总局（DGSCGC），负责危机管理应对工作。DGSCGC 在内政部长的领导下，面对国内外发生的异常事态进行危机管理，进行方案规划、灾时指挥、灾后振兴等工作。

DGSCGC 内部设有部际应急指挥中心（CIC），行使情报汇总、出台决策的职能；同时设有部际风险管理行动中心（COGIC），担任各部与地方政府间的协调工作。DGSCGC 巴黎本部编制约 300 人（灾害应对工作人员约 150 人），其余人员在各地方省的派驻机关任职。

2. 平时应对

在国家层面上，由内政部长统管全国灾区、基础设施援助，并负责紧急情况下的资源统筹协调。

3. 紧急事态时的应对

当发生自然灾害时，初期的救援行动、灾后振兴任务由各地方政府担任。随着灾害规模的逐步扩大，政府应对的级别相应上升为由省级、大区级、国家级。省、大区分别制定有灾害救助方案（ORSEC），当发生个别省难以应对的大规模灾害或跨省灾害时，即启动大区级灾害救助方案。

在国家层面上，由内政部长统管全国灾区、基础设施援助，并负责紧急情况下的资源统筹协调。

在大区层面上，由大区长官负责防卫区内的灾时资源整合。大区长官有权指挥民事安全处置综合协调中心（COZ），推动各项工作顺利开展。

在省的层面上，由省长负责省内的灾时资源整合，并对公、私资源提供保护。省长有权指挥省应急处置中心（DOCFE），及时开展消防及紧急救援工作。

（五）韩国

2014年4月，韩国发生"世越号"客轮沉没事件。以此事件为契机，国家对政府危机管理机构展开改革，于同年11月将原本担任灾害应对工作的消防防灾厅（NEMA）与海洋警察厅进行整合，创建了国民安全处（MPSS），编制约10000人（本部约1000人）。由于该机构的灾害应对框架与以往的NEMA基本相同，因此下文即围绕旧时NEMA的灾害应对机制展开论述。

1. 危机管理机构概要

韩国于2004年在安全行政部下设NEMA，负责危机管理应对工作。NEMA由消防防灾厅厅长（安全行政部长官）领导，编制435人，预算3亿美元。

NEMA负责应对包括台风、地震等自然灾害和火灾、爆炸、交通事故等人为灾害。在防范核灾害方面，政府以原子力安全委员会下属的放射线防灾局为中心，设立中央应急对策本部。

2. 平时应对

消防防灾厅设1名厅长、1名次长、1名企划调整官、3个事务局（预防安全局、消防政策局、防灾管理局），主要负责排除危险因素（规定安全标准、实施安全检验、建设防灾设施、开展防灾教育）、人力资源保障（保障人力资源、制定动员方案和应对计划）、防灾设备管理（管理避难设施和监控设施）、物资保障（筹备救助仪器和救援物资、掌控人员分布情况）、大型设施检验（维护管理道路和桥梁、维护管理公共设施及地方政府设施、维护管理大型建筑和国家重点实施）、危险地域管控（将存在危险因素的地域设定为灾害危险区域）、提交政府建议（向总统提交建议、向灾害情报控制室提交灾害监控相关建议）等工作。

3. 紧急事态时的应对

面对非常事态，在安全行政部设置中央灾害安全对策本部，由安全行政长官任本部长。本部长有权要求基层工作人员、灾害应对机关职员赶赴现场，有权向国防部长官申请派驻部队。安全行政部同时管理着 NEMA 和警察厅，统筹协调消防工作和警察活动。

灾区现场的消防部队和警察部队受安全行政部直接管理。在紧急事态时，将会向灾区派遣现场情报管理官。国家灾害管理支持系统（NDMSS）负责实现灾时情报的传递与共享。中央政府、地方政府及相关机构合作建立 NDMSS，从平时起搜集、汇总有助于灾害应对的地理情报。面对非常事态，各地方政府的灾害应对工作人员分别向这一系统即时输入已掌握的情况，并在现场通过终端设备实时传输最新灾情。

中央灾害安全对策本部有权指挥由地方政府设立的灾害安全对策本部。

## 四、今后的应对策略

各国的危机管理机构中，唯有美国设立了贯穿平时与紧急事态时的大型危机管理应对机构，其他国家（地区）都与日本保持着相似的组织构成，在紧急事态时特设机构以统筹协调相关省厅的合作分工。尽管美国设立了联邦紧急事务管理署，但并非由联邦紧急事务管理署承担全部灾害应对工作，而是下派到相应各省厅开展防灾、应对工作。

日本平时由内阁官房（事态应对及危机管理部门）、内阁府（防灾部门）以及相关省厅分管各项事务；在紧急事态时则设置"紧急本部""非常本部"等临时行政机构，在内阁总理大臣和防灾大臣的领导下，建立必要的事务局体制，使各省厅形成一体化结构，开展应对行动。

无论机构体制如何，危机管理的成败关键在于当爆发大规模灾害时，能否通过国家和地方政府最大限度地发挥各相关机构的力量。具体而言，在"紧急本部"和"非常本部"的指挥之下，都道府县与市町村要进行密切配合，进而协助内阁官房（事态应对及危机管理部门）和内阁府（防灾部门）进行统筹协调工作，促使相关省厅通力合作，最大限度地发挥力量。为令上述过程中的协调合作更加顺畅高效，须从平时起完善灾害应对的机构体制（关于是否需要推动省厅级别的机构体制改革、建立政府内部统一的危机管理应对机构，即"日本版 FEMA"，如后记所述，现阶段持否定态度）。

在东日本大地震中，海啸导致灾区政府的行政职能陷入瘫痪，如何进行情报搜集工作，（"紧急本部"和"核灾本部"）如何开展复合灾害应对，如何保障受灾地的食品、燃料等物资运输，如何协调对灾区的广泛援助等等，已经成为亟待解决的课题。为解决这些难题，政府先后两次修改《灾害对策基本法》，在重整框架的基础上，做出了多方面的努力，包括强化大规模灾害时期的政府应对体制、进一步强化相关省厅的协同合作、强化复合灾害的对策制定、强化平时与灾时同地方政府间的合作、人才培育和拓展培训等。上述举措是在对山梨县暴雪灾害（2014 年 2 月）、广岛泥石流灾害（2014 年 8 月）和御岳山火山喷发灾害（2014 年 9 月）进行认真反思后制定的。

（一）强化大规模灾害时期的政府应对体制

1. 当发生南海海槽地震等大规模灾害时，政府将设立"紧急本部"及多个现场对策本部、现场灾害对策室。为使政府在发生或即将发生灾害时能够迅速、准确地展开行动，必须完善应对体制和制度。尤其当面临应对工作长期化或发生复合灾害时，现场工作量激增，多个本部若要持续顺畅地开展工作，必须确保各本部的人员力量编成。以"中央紧急本部"事务局的体制及人员、灾区现场（现场对策本部及受灾市町村）的派驻人员（包括干部职员在内）体制及数量为例，详查必要的体制及人员数量，保证各本部中包括轮值人员在内的重要工作者时刻在位。

因此，政府就应对过程中必要的体制、人员力量进行讨论，指出人手不足时可否增加人员编制，同时完善应对制度，确保在灾害（即将）发生之际做好充足准备。另外，相关省厅派往"紧急本部"事务局或灾区现场（现场对策本部及受灾市町村）以及坐镇本部负责应对工作的职员体制、人员数量（包括轮值人员在内）也应重新讨论。政府还要充分发挥有防灾工作经验者的指导作用，保证必要的人员力量。各岗位的工作人员需提前指定，并定期为其提供研修、培训机会，以提升灾害应对能力。

（二）强化相关省厅的协同合作

1. 稳步推进下列各方面应对工作，从内阁官房（事态应对及危机管理部门）、内阁府（防灾部门）开始强化分工合作，进一步加强相关省厅间的协同运转，确保灾害应对过程中"无漏洞""不重叠"，各省厅及实际运行机关要在"紧急本部"本部长、现场对策本部本部长的指挥下，最大限度地发挥有限的人力、物力资源，采取灾害应对措施。

以南海海槽地震为假想事态，相关省厅应针对灾时救援、灭火、医疗活动、物资调配、燃料供给、根据地设置、运输路线规划等事项，制定具体的应对策略（2015 年 3 月），今后，将进一步推进确认紧急运输路线、保证灾区医疗力量等相关工作，以提升工作实效性，同时，加紧制定应对首都直陷型地震的具体行动计划；

为使灾时的物资援助能够顺利流向灾区，应调整物资调配系统，并在具体运行层面做出改善；

灾时情报搜集工作保证准确无误；

为实现即时情报共享，通过电视会议等方式加强现场对策本部与地方政府间的合作，并探讨应建立何种机制以推动灾时情报搜集和政府情报共享，同时，讨论如何充分利用社交网络促进情报搜集；

在灾害废料处理方面，除国家、地方两级政府平时的防备之外，应推动法制改革，出台新措施（如灾时国家代为处理等），确保废料得到妥善处置；

为防止灾情阻断正常工作，构筑政府工作维持体制，政府及各省厅制定工作维持计划，并反复考察其实效性是否达标；

探讨建立政府一体化应对框架，模仿美国联邦紧急事务管理署发挥紧急援助职能，预先指定相关省厅的工作划分；

以《国土强韧化基本计划》（2014 年 6 月 3 日）等为根据，假定发生"最严峻事态"，并讨论其应对策略；

为促进灾时警察机关、消防机构、国土交通省、海上保安厅和自卫队之间的合作，专门设置共同调整所，推进各部队间实现情报共享、后方支援，并在"紧急本部"或现场对策本部的统筹协调下，维护各部队运输功能，通过交通管制、道路疏浚等方式确保车辆紧急通行，使部队能够迅速赶赴灾区；

国家、地方两级政府及各相关机构共同合作，各部队进行联合演练等实践训练，逐步完善日本的灾害应对行动。

2. 为确保灾时各机构顺畅合作、迅速投入应对行动，政府应参考灾害对策规范化工作组、各省厅运行机关工作组的讨论结果，推动灾害应对工作在操作手续及实务运行上的规范化建设。

（三）强化复合灾害的对策制定

1. 加紧制定复合灾害应对策略。尤其当面临自然灾害与核灾害组成的复合灾害时，应参考《关于原子力防灾体制的扩充与强化的第二次报告》（2015 年 3 月 5 日），采取下列做法。

"紧急本部"和"核灾本部"应在初期应对阶段召开共同会议，促进彼此在实施灾害应对行动的过程中高效合作；

两本部为实现远程情报的迅速共享，应通过相互引进情报共享网络、设置专用热线等措施完善硬件方面的建设，同时要向对方派遣情报联络人员，发挥情报枢纽作用；

灾时，日本的地方部局驻地以及各都道府县都设有"紧急本部"，而

"核灾本部"主要设置于附近的场外中心区域，双方为实现彼此的现场对策本部间的情报共享，应结合地理形势，开展紧密协作；

两本部应共同开展工作，以推动情报共享进程，并实现双方实际运行机构的统一管理；

自然灾害或复合灾害中的灾民常居于同一间避难所，其物资发放中亦存在工作重叠，应从灾民的视角出发，注重统一管理，由此"紧急本部"和"核灾本部"更要实现应对工作的统一开展；

各省厅及相关机构人员在灾区实施行动时，"紧急本部"和"核灾本部"要合作开展现场讲解等活动，为其提供放射线防护方面的帮助；

原则上，由"核灾本部"负责（放射物相关）健康管理、避难所调整、旧时避难区封锁、食品出产限制、放射污染清除、赔偿、核废料处理等工作，但在开展与"紧急本部"密切相关的工作时，双方可合作解决；

可就设想的复合灾害展开训练，加强各机构间的协同配合。

（四）强化平时与灾时同地方政府间的合作

1. 为了在灾时，特别是初期应对阶段，实现情报搜集准确无误，并在此基础上迅速开展应对行动，国家同地方政府间必须进行紧密合作。因此，发生灾害时，国家、地方（都道府县）两级现场对策本部应召开共同会议，"紧急本部""非常本部"应通过电视会议等方式与各自的现场对策本部实现情报共享，并将上述工作制度化。同时，在探讨下列机制的基础上，建立应对体制，使国家与受灾地方能够形成整体合力，迅速、准确地开展应对行动，实现情报共享。

原则上，都道府县搜集受灾市町村的灾情后集中向国家反映。但发生或即将发生特大灾害时，都道府县则可能无法迅速掌握现场灾情，此时国家除了向都道府县，还应向受灾市町村政府直接派遣情报联络人员。然而，内阁府（防灾部门）暂未设置地方派驻机构且人员数量有限，因此需要其他省厅的派驻机构予以积极配合。相关省厅（警察机关、消防机构、海上保安厅、自卫队除外）从市町村的派驻机构抽调部分人员力量，在本职工作范围以外作为国家代表实施情报搜集等灾害应对行动。为方便上述人员兼任内阁府工作或前往现场对策本部任职，政府应结合指挥命令系统的调整改革、各省厅的体制强化，围绕相关的法制改革等问题开展讨论。各省厅被派往受灾市町村的职员（作为情报联络人员）需事先指定，为确保其胜任情报搜集工作，内阁府（防灾部门）应定期开展培训，并促进其（平时）与地方政府交换情报、建立关系；

当市町村受到毁灭性灾害时，若存在灾情不明的"情报漏洞"，国家（现场对策本部）、实际运行机关与都道府县应展开合作，迅速向受灾市町村派遣职员，进行情报搜集工作，以填补"情报漏洞"；

发生或即将发生灾害时，各省厅可应地方政府的请求，协助实施必要的灾害应对行动，比如国土交通省命令紧急灾害对策派遣队（TEC-FORCE）赶赴灾区，向地方提供灾情调查点检、设施应急重启等援助。今后，日本将绕过省厅（警察机关、消防机构、海上保安厅和自卫队除外）管辖，创建更加合理的应对机制，以充分利用相关技术和专业知识，迅速且灵活地向受灾地方提供援助，现需围绕相关的法制改革等问题开展讨论。

2. 必须在平时讨论、协调具体的灾害对策，加强国家与地方间的协同合作，以便灾时两级政府能够迅速、准确地采取应对行动。为此，两级政府要实施共同训练（除向开展训练的各机关部门派遣职员等固有模式外，还强调双方训练的有机结合，制定实践性更强的共同演练方案），要求国家与都道府县的干部等防灾负责人员参与其中，并通过设置会议等方式帮助相关人员建立关系。届时，将就国家这一体制的建设、定位、职责、同相关省厅间的合作等问题开展讨论。

（五）人才培育和拓展培训

1. 为提升国家防灾人员的专业能力、确保灾时专业人员力量，应就下列人事调配工作进行讨论。

内阁府（防灾部门）、相关省厅将结合各机关的实际情况，充分调动防灾运行机关的早期工作者，为内阁府（防灾部门）、防灾相关部局配备富有经验的工作人员，有计划性地培养专业防灾人员，并保留具有实践经验的人才；

为促进灾时合作，内阁府（防灾部门）将结合各省厅的实际情况，尝试把备案制度（内阁府创建的制度，旨在向部分省厅征募有意助勤的人员，目前的适用对象包括内阁府、总务省和国土交通省）的适用范围扩展至其他省厅。

2. 目前，政府每年制作《综合防灾训练大纲》，拟定各年度防灾训练的基本方针。此外，还应制定《防灾训练中期计划》，确保训练更具计划性、体系性。

3. 发生灾害时，国家、地方两级政府必须紧密协作，共同采取应对措施。为从平时起加强各机关与地方政府的合作，应拓展目前的培训活动：由相关机构与地方政府共同开展培训活动；地方政府领导和防灾干部共同参加培训活动；按地区开展培训活动，相关机构和地方政府的人员务必参加；接收来自地方政府的参训人员；为地方政府配备国家防灾工作人员等。

4. 今后，为进一步拓展防灾训练、促进国家和地方的人才培育，应结合训练现状，讨论跨省厅的培训活动应如何开展。

## 五、结语

若担心发生首都直陷型地震或南海海槽地震，只需按照"四、今后的应对策略"部分所述，尽早落实各种具体做法，即可提升国家和地方的灾害应对能力。此外，更要不断完善日本的危机管理应对。今后，政府将落实前文所述的各种努力，定期考察进展情况、检验实践成果，必要时还将对机构体制进行调整改革，总之，通过各种讨论和实践，谋求建立更加合理的危机管理应对体制。

# 附录

## 关于建立统一的危机管理
## 体制机制的建议

文中各论点的共通之处在于：提倡进行上至中央级别的体制改革，建立统一的危机管理应对机构。其具体的调整改革方向，可参考下面两个方案：机构部门整合方案和调度权限提升方案。

（一）为了消除相关省厅间的"上下级"组织形式，实现全灾因应，将政府的各防灾相关部局进行综合调整。

（二）消除相关省厅间的"上下级"组织形式，进一步提升内阁官房和内阁府的调度权限。

会议结合各国危机管理机构的现状，针对上述两个方案进行了讨论，结果如下：

（一）为了消除相关省厅间的"上下级"组织形式，实现全灾因应，将政府的各防灾相关部局进行综合调整。（第一方案）

上述方案有如下几种调整方式：1. 政府整合各防灾相关部局，形成一个全新的机构；2. 以内阁官房和内阁府为中心，创建一个全灾害应对机构；3. 整合内阁府（防灾部门）与部分省厅的相关组织，形成具有一定规模的统一机构。

1. 政府整合各防灾相关部局，形成一个全新的机构。关于这种调整方式，讨论认为并不理想，原因如下：

由于整合过程几乎涉及全部省厅，预计将形成一个架构庞大的组织，届时，顶层管理等问题将突显，若为此设置权责相应的领导岗位，则可能形成新的"上下级"关系；

各省厅的防灾相关部门，难以从现行的组织构架中简单分割，若直接强行分离以组建新机构，则难以充分发挥职员在原省厅岗位上积累的能力经验和专业素养，造成无法顺利采取应对行动之虞，同时新机构与原省厅还必须重视余留业务的协调处理；

其他省厅可能产生"灾害应对工作应由新机构全权负责"等考虑，从而在自身处理防灾工作的过程中滋生懈怠情绪。

2. 为应对复合灾害（自然灾害与其他紧急事态并发），以内阁官房和内阁府为中心，创建一个全灾应对机构。首先需将内阁官房（事态应对及危机管理部门）与内阁府（防灾部门）进行整合。关于这种调整方式，讨论认为并不理想，原因如下：

（1）在应对自然灾害时，需要统筹灾害预防、初期应对、紧急处置、设施重启、灾后重建等诸多工作，而在处理其他灾害、事故时，则只需承担初期应对工作，由此，新机构在面对不同类型的灾害时，采取的应对行动之间存在不平衡；

各部门整合后，应对行动的迅速性、准确性势必下降（比如一场自然灾害的处理工作已经进入灾后重建阶段，若此时另外突发紧急事故，则事故的初期应对力量可能受到前项工作的牵制，灾后重建工作同样可能受到新事态的影响）。

（2）另外，考虑到在突发各种事态时，都存在灾害预防、初期应对、紧急处置、设施重启、灾后重建等诸多工作需要完成，遂将内阁官房（事态应对及危机管理部门）、内阁府（防灾部门）、内阁府（原子力防灾部门）、内阁官房（新型禽流感对策部门）等相关组织进行合并，整合为统一机构。关于这一做法，讨论认为并不理想，原因如下：

各组成机构平日负责的工作不同、擅长的专业各异，整合后较难体现优势；

随着架构趋于庞大、任务逐渐加重，机构开展应对行动的迅速性、准确性势必下降。

（3）此外，若要构筑全灾应对能力，需要进一步整合铁道事故、航空事故和工厂事故的应对部门，新机构架构将进一步膨胀，并不具备可行性和现实性，理由同1. 所述。

3. 内阁府（防灾部门）的编制只有100人左右，有人指出为促进同地方合作、人才培育，应整合内阁府（防灾部门）与部分省厅的相关组织，形成具有一定规模的统一机构。关于这种调整方式，讨论认为并不理想，原因如下：

灾害应对工作几乎涉及全部省厅，应该由各省厅合作完成，若只将部分省厅的相关机构与内阁府（防灾部门）强行整合，无益于消除"上下级"组织形式，也难以实现全灾因应；

各省厅的防灾相关部门，难以从现行的组织构架中简单分割，若直接强行分离以组建新机构，则难以充分发挥职员在原省厅岗位上积累的能力经验和专业素养，造成无法顺利采取应对行动之虞，同时新机构与原省厅还必须重视余留业务的协调处理；

在新成立的机构中，有必要设置负责部门整合工作的组织及职位，导致机构架构趋于庞大，并伴有"叠床架屋"之嫌。但如果不整合各省厅的相关组织，而是（在充分考虑各项内部工作之间关联的基础上）将各省厅负责的部分工作交由内阁府（防灾部门）处理，以求更加顺畅地开展灾害应对行动，则具有一定的可行性。

（1）作为调查对象的国家各有其统治机构，不可一概而论。除了美国设有危机管理机构——联邦紧急事务管理署，其他各国的组织编成暂与日本保持同一水准。

基于全灾应对的理念，有些国家设置了部局，以期发挥重要作用。但其功能主要为在灾害的初期应对阶段充当部长级决策机关的事务局、搜集汇总受灾情报、协调相关省厅工作等，并不负责从灾害、事故的预防到灾后重建等各阶段的全部工作。面对各类灾害、事故，这些国家的初期应对，与日本由内阁官房（事态应对及危机管理部门）负责一元化统筹协调的思想，颇具相似之处。

作为调查对象的所有国家都设有灾时特殊机构，负责协调相关省厅工作，以这一机构为核心组织各省厅开展灾害应对工作，其机制类似于日本的"紧急本部"和"非常本部"。

在灾害应对上，美国也并非由联邦紧急事务管理署承担全部工作，而是由各省厅充当协调机关、主管机关和后勤机关分别采取应对措施，共同承担紧急援助工作（ESF）。各国都创建了相关机制——以主要负责省厅为核心、各相关省厅协作应对灾害。

（2）日本危机管理的基本情况如下：

各省厅在内阁官房（事态应对及危机管理部门）和内阁府（防灾部门）的统筹协调下，按照各自管辖的工作范围，分工实施应对行动。特别是紧急情况下，应提升"紧急本部"（或"非常"）的调度权限，促进各部协同开展应对行动；

在各种灾害、事故的初期应对阶段，首先由内阁官房（事态应对及危机管理部门）实施一元化管理，随后在阁僚级本部或内阁官房（内阁府）的统筹协调下，各省厅按照各自管辖的工作范围，发挥专业能力，采取应对行动。

到目前为止，这一应对机制体现出一定的合理性，并发挥着重要作用。

因此，整合政府各防灾部局的方案（第一方案）无益于消除相关省厅间的"上下级"关系或实现全灾因应，予以否定。目前灾害应对工作的当务之急，是在当今的体制下，确保各省厅间协同合作、采取各种应对措施。

（二）消除相关省厅间的"上下级"组织形式，进一步提升内阁官房和内阁府的调度权限。（第二方案）

为消除相关省厅间的"上下级"组织形式，有人指出应通过立法程序提升内阁官房、内阁府的调度权限，以更加顺畅地统筹协调各省厅工作。中央机关普遍面临改革之际，与内阁府及各省相比，内阁官房处于绝对优势地位，常态化负责内阁各项重要政策的统筹协调，而非将精力集中于其中的危机管理一项。因此，规定由内阁府协助内阁官房，承担制定防灾政策的相关工作。目前，根据这一分工，内阁官房和内阁府同时开展着统筹工作。

关于危机管理工作中的各项事宜，内阁官房长官、内阁危机管理总监亲自进行统筹协调。按照《内阁府设置法》规定，为了统筹工作的顺利开展，必要时内阁府防灾大臣有权对相关行政机构的长官进行"劝告"，而这是比各省大臣具有的"提议"权更高的权限。接下来，防灾大臣还有权要求对方部门就劝告事项提交报告，必要时可直接向内阁总理大臣呈报意见。根据《内阁法》（1947 年 法律第 5 号）第六条相关规定，最终在内阁总理大臣的指挥监督之下，实现内阁官房长官和防灾大臣对危机管理工作的统筹协调。

另外，当发生特大灾害时，设立"紧急本部"。根据《灾害对策基本法》，应赋予本部长（由内阁总理大臣担任）对副本部长、本部人员的指挥监督权。同时，本部长应保留必要时向各省大臣发出指令的权力。尽管不具法律制约力，但考虑到这是由灾害应急中心——"紧急本部"的长官发出的指令，各机关部门应予以遵守，团结一致展开灾害应急行动。

政府要在现行制度的基础上，参照《内阁法》第六条的相关内容（内阁官房长官、防灾大臣的权力行使，应处于内阁总理大臣的指挥监督之下），对赋予内阁官房长官、防灾大臣统筹协调权限等事宜进行慎重讨论，比如其权力行使能否不经过内阁决议，或对方部门是否负有遵从其指示的法律义务。目前，政府尚未赋予复兴厅（2012 年新设）相关权限。

从当前状况看，有必要通过立法程序，赋予各机构相应权力，以促进行政工作的顺畅运转。然而，通过法律进一步提升内阁官房、内阁府的统筹协调权限的方案（第二方案），讨论认为不予采纳。

综上所述，关于日本现行危机管理体制机制，参照对各国危机管理体制机制现状的调查研究，结论如下：

各省厅在内阁官房（事态应对及危机管理部门）和内阁府（防灾部门）的统筹协调下，按照各自管辖的工作范围，分工实施应对行动。特别是紧急情况下，应提升"紧急本部"（或"非常本部"）的调度权限，促进各部协同开展应对行动；

在各种灾害、事故的初期应对阶段，首先由内阁官房（事态应对及危机管理部门）实施一元化管理，随后在阁僚级本部或内阁官房（内阁府）的统筹协调下，各省厅按照各自管辖的工作范围，发挥专业能力，采取应对行动。

综上所述，对照参考各国危机管理机构的现状，日本的应对机制体现出一定的合理性，并发挥着重要作用。因此，在当前阶段，政府暂时没有不必要通过中央级别的体制改革，建立统一的危机管理应对机构。

# 特定秘密保护法

## 2013 年第 108 号法案

## 目　　录

# 第一章　　总则

（目的）

**第一条**　伴随着国际形势的复杂化与确保国家及国民安全相关的情报的重要性增加。与此同时，伴随信息通信网络社会的高度发展，情报泄露的危险性也在不断增强。在这种令人担心的氛围中，有必要将有关我国安全保障的情报（指的是从危及国家存亡的外部侵略中保护国家以及国民安全，以下同）设为秘密级别，确立切实保护这些秘密机制，并在此基础上进行收集、整理和活用。鉴于此种情况，保密法通过规定特定秘密的指定、处理人员的限制及其他必要事项，来防止情报泄露，以确保国家及国民的安全。

（定义）

**第二条** 该法案中涉及的"行政机关"指的是以下机构。

1. 基于法律规定，设置在内阁的机构（内阁府除外）以及设置在内阁的机构

2. 内阁府、宫内厅以及《内阁府设置法》（1999 年第 89 号法案）第四十九条第一款及第二款中所规定的机构（其中，国家公安委员会下属机构中，警察厅除外；根据同年第 4 号政令规定设置的机构下属机构中，该政令规定的机构除外）。

3. 国家行政组织法（1948 年第 120 号法案）第三条第二款中所规定的机构（根据同年第 5 号政令规定设置的机构中，该政令规定的机构除外）。

4. 《内阁府设置法》第三十九条、第五十五条以及《宫内厅法》（1947 年第 70 号法案）第十六条第二款规定的机构，以及《内阁府设置法》第四十条和第五十六条规定的特别机构，警察厅以及其他政令规定的机构。

5. 《国家行政组织法》第八条之二中所规定的设施等机构，以及该法案第八条之三所规定的特别机构中，由该政令规定的机构。

6. 会计检查院。

# 第二章　特定秘密的指定等

（特定秘密的指定）

**第三条**

（一）行政机关长官［该行政机关是合议制机关的情况下，指的是该行政机关；如果是第二条第 4 项和第 5 项中政令所规定的机关（合议制的

机关除外）的情况下，则指的是每个机关中由政令指定的人员。第十一条第1项除外，以下同］所掌握的与该行政机关职责相关的事项中如附表所列信息，在尚未公开的情况下，如果泄露将对我国的安全保障造成明显损害，因此，有必要对其进行特别保密，并将其指定为特定秘密［伴随《日美相互防卫援助协定》签署通过的《秘密保护法》（1954 年第 166 号法案）中的第一条第三款所规定的特别防卫秘密除外］。但是，内阁总理大臣在听取第十八条第二款规定人员意见后，根据政令指定的行政机关长官不受此限。

（二）行政机关长官在基于前款规定指定特定秘密（除附则第五条外，以下简称"指定"）时，需要记录根据政令所规定的指定内容，同时需要明确与该指定相关的特定秘密的范围，并就特定秘密相关信息采取以下各项措施。

1. 根据政令规定，在记录有特定秘密的文件、图像、电磁记录（指的是以电子方式、磁性方式以及其他人类无法用知觉感应到的方式记载的记录，以下同）或物件、或将该信息物化后的物体上，作出"特定秘密"标记（电磁记录载体中也应包含相应标记）。

2. 对于那些属于特定秘密但因性质特殊无法作出上述标记的信息，应根据政令规定，将该信息适用于前项规定的事实通知到负责处理该信息的人员。

（三）行政机关长官根据前款第2项规定对于属于特定秘密的信息采取措施后，当该信息具备采取同款第1项规定的措施的条件时，应立即按照该项规定采取标记措施。

（指定有效期限和解除该期限）

**第四条**

（一）行政机关长官在作出指定时，应将自指定之日起至五年内定为有效期限。

（二）行政机关长官在指定有效期限（包含根据该款规定延长的有效期限）期满之际，在该指定的信息满足前条第一款规定的条件时，应根据政令规定，以五年之内为限延长有效期。

（三）指定的有效期限总计不得超过 30 年。

（四）不受上述规定所限，尽管政府有义务将其各项活动向国民作出说明，但当为了确保我国以及公民的安全不得已无法将指定的信息公之于众时，行政机关长官须说明理由，并取得内阁（行政机关为会计检查院的情况除外）批准后，可将该指定有效期限延长至累计超过 30 年以上。但是，除以下各项情形外，指定的有效期限累计不可超过 60 年。

1. 武器、弹药、飞机以及其他用于防卫的物件（包含船只，附表第一项相同）

2. 可能对当下日本正在与外国（日本领域之外的国家或地区，下同）政府或者国际机构展开的交涉产生不利影响的情报

3. 情报搜集活动的手法或能力

4. 人工情报

5. 密码

6. 外国政府或国际机构提供的有效期超过 60 年的特定情报

7. 符合上述各条并根据政令规定的重要情报

（五）为了获得内阁的许可，行政机关长官根据政令有必要采取措施保护指定的特定秘密，在此基础上，可向内阁对该特定秘密进行说明。

（六）行政机关长官在无法获得第四款规定的内阁许可的情况下，可不必遵守《公文管理法》（2009 年第 66 号法案）第八条第一款之规定，在记载该指定情报的行政文件等（指第 66 号法案第五条第五款所规定的行政文件）保存期满后，必须将其移交至国立公文书馆（指第 66 号法案第二条第三款所规定的国立公文书馆）等机构。

（七）若指定情报未满足上述第一款所规定的条件，行政机关长官在

有效期限内根据政令也可快速解除该指定。

（特定秘密的保护措施）

**第五条**

（一）行政机关长官在下达指定之际，除第三条第二款规定的措施外，可从根据第十一条规定的有权限处理特定秘密的人员中，确定该行政机关可以处理特定秘密的人员范围，并根据政令采取措施保护必要的特定秘密。

（二）警察厅长官在下达指定之际，若各都道府县警察持有该指定有关的特定秘密（根据第七条第一款提供的秘密除外），则应对该都道府县的警察通知该指定的有关概要内容。

（三）上述情况下，警察厅长官须指示该都道府县警察，要求其确定各自可以处理特定秘密的人员范围，并根据政令采取措施保护必要的特定秘密。在这种情况下，该都道府县的警视总监或道府县警察本部长（以下称为"警察本部长"）应遵循该指示，采取必要措施切实保护该特定秘密，以及指定人员处理该特定秘密。

（三）行政机关长官对所辖事务下达指定之时，若认为有特别必要处理附表中的事项，可作为提供物品制造和劳务一方，采取保护特定秘密的必要措施，并基于与符合其他政令规定的标准的人员（以下称为"合适的人员"）之间的合约，向上述人员通知上述指定的概要，以实现保护指定的特定秘密（第八条第一款所规定的秘密除外）的目的。

（四）在上述合约中，可从第十一条规定的保护特定秘密的人员中，基于同款规定指定保护特定秘密的合适人员，并有必要根据政令规定的事项来确定处理该特定秘密的代表、代理人、使用人以及其他从业者（以下简称为"从业者"）的范围，依托上述人员完成对特定秘密的保护。

（五）第四款中所规定的适合保护特定秘密的人员须遵守同款合约，采取必要且合适的措施保护该特定秘密，并使上述从业者履行保护该特定秘密的义务。

# 第三章　特定秘密的提供

（根据我国安全保障的需要提供特定秘密）

**第六条**

（一）当其他行政机关涉及我国安全保障事务之际，持有特定秘密的行政机关长官若认为有必要使用该特定秘密来完成附表中所示事项，则可以向其他行政机关提供该特定秘密的内容。但是，持有该特定秘密的机关之外的其他行政机关长官申请该特定秘密时（该特定秘密是持有的行政机关长官根据此项规定主动提供的除外），必须经过负责该特定秘密的行政机关长官的同意。

（二）行政机关长官根据上述规定向其他行政机关提供特定秘密时，须事先和其他行政机关长官签订协议，内容包括确定有权保护该特定秘密的人员范围，以及涉及的其他行政机关根据政令对该特定秘密进行必要的保护。

（三）行政机关长官根据第一款规定提供特定秘密时，须遵守上述协议，采取必要措施切实保护该特定秘密，以及指定人员处理该特定秘密。

**第七条**

（一）关于警察厅持有的特定秘密，若警察厅长官认为在自己所辖事务中存在都道府县警察为执行附表中所示事项的需要，可向该都道府县警察提供该特定秘密。

（二）根据前项规定向都道府县警察提供特定秘密时，需参照第五条第三款之规定。

（三）警察厅长官可根据第五条第二款之规定，向警察本部长要求提供该都道府县警察所持有的特定秘密。

**第八条**

（一）持有特定秘密的行政机关长官认为在自己所辖事务中，若有特别需要让合适的人员利用该特定秘密以完成附表中所列事项，可根据与该人员之间的合约，向该人员提供该特定秘密。但是，持有该特定秘密的行政机关之外的行政机关长官对该秘密下达指令时（行政机关长官根据第六条第一款之规定提供的特定秘密除外），需征得做出该指定的行政机关长官的同意。

（二）关于前项合约，可援用第五条第五款之规定；关于根据前款规定接受特定秘密的合适的人员身份，可援用该条第六款之规定。其中，该条第五款中的"前款""持有"可分别替换为"第八条第一款""接受提供"。

（三）行政机关长官根据第五条第四款之规定要求合适的人员持有特定秘密时，可根据同款合约，向该人员提供特定秘密。

**第九条**　持有特定秘密的行政机关长官认为在自己所辖事务中，若有特别需要以完成附表中所列事务时，在行政机关根据本法规定采取相应措施保护该特定秘密的基础上，可向外国政府或国际机构提供特定秘密。但是，持有该特定秘密的行政机关之外的行政机关长官就该秘密下达指令时（行政机关长官根据第六条第一款之规定提供的特定秘密除外），必须征得持有秘密的行政机关长官的同意。

（基于公益提供秘密）

**第十条**　除第四条之五、第六条至第九条以及第十八条之四后半段所规定的情况外，行政机关长官可在以下情况下提供特定秘密。

第十条之一

（一）接受特定秘密的一方认为有出于以下业务或公益上的特殊需要使用该特定秘密（第二款至第四款除外）时应使用该特定秘密或者限制知情者的范围；在该业务之外尽量不使用特定秘密；以及利用其他特定秘密或者知情者为保护秘密采取必要的措施，若是（三）中所列举的业务，则需在国会根据附则第十条规定的措施执行；若是（三）所列举的业务之外的业务，则需根据政令所规定的措施且对我国的安全保障不会发生显著的危害。

（二）参众两院、参众两院委员会、参议院调查会根据《国会法》（1947 年第 79 号法案）第一百零四条第一款（包括该法案第五十四条第一款）以及众议院《关于证人宣誓和证言等的法律》（1947 年第 225 号法案）第一条之规定行使的审查或调查，根据《国会法》第五十二条第二款（包括该法案第五十四条第一款）或者第六十二条之规定不予公开的内容。

（三）

1. 刑事案件的搜查或公诉。根据《刑事诉讼法》（1948 年第 131 号法案）第三百一十六条之二十七第一款（包括同条第三款以及该法案第三百一十六条之二十八第二款）之规定提交至法院，除此之外，还有认为没有必要向从事该搜查或公诉行为者提供该特定秘密的情况。

2. 根据《民事诉讼法》（1996 年第 109 号法案）第二百二十三条第六款之规定向法院提交的情况。

3. 根据《信息公开与个人信息保护审查会设置法》（2003 年第 60 号法案）第九条第一款之规定，提醒信息公开和个人信息保护审查会。

4. 也可根据《会计检查院法》（1947 年第 73 号法案）第十九条第四款，公开会计检查院信息或提交至个人信息保护审查会。

第十条之二

警察本部长除了根据第七条第三款之规定提供给警察厅之外，还可以根据第十条之一（三）中第 1 项所列举的情况［仅限于这种情况，即警察本部长试图提供特定秘密若是被应用到前述（三）中第 2 项所指的业务时，在被认定不会对我国安全保障产生任何明显的不良后果的前提下，征得了警察厅长官的同意］、前述（三）中第 2 项所列举的情况或者都道府县基于规定的关于居民要求都道府县公开信息的权利（包括都道府县基于规定设置行使审议权机关的条例）提供特定秘密，但仅限于《信息公开与个人信息保护审查会设置法》第九条第一款之规定向机关提交的情形。

第十条之三

合适的人员除了基于第八条第三款之规定向行政机关提交，还可以根据第十条之一（三）中第 1 项所列举的情况（仅限于这种情况，即该合适的人员试图提供特定秘密时，在被认定不会对我国安全保障产生任何明显危害的前提下，征得了下达指令的警察厅长官的同意）、或者同款第 2 项、第 3 项所列举的情况，提供特定秘密。

# 第四章　处理特定秘密人员的权限

第十一条处理特定秘密的业务应由行政机关长官或合适的人员来行使。此外，如果不是下列人员，则不具备处理特定秘密的权限，即提供特定秘密的行政机关长官，以及行使该业务的警察本部长根据下条第一款或第十五条第一款的适应性评价［仅限于从根据第十三条第一款（包括第十五条第二款适用的情况）之规定下达通知之日起五年内］断定不会泄露秘密的人员（下一条第一款第 3 项，或者第十五条第一款第 3 项所列举人员除外）。

1. 行政机关长官

2. 国务大臣（前项列举的人员除外）

3. 内阁官房副长官

4. 内阁总理大臣辅佐官

5. 副大臣

6. 大臣政务官

7. 除了上述列举的人员外，还包括考虑职务特点不符合下一条第一款或第十五条第一款的适应性评价可以处理特定秘密的人员。

# 第五章　适应性评价

（由行政机关长官施行适应性评价）

**第十二条**

（一）关于下列人员在处理特定秘密的过程中是否会存在泄露秘密的情况，行政机关长官根据政令对他们实施评价（以下称"适应性评价"）。

1. 该行政机关职员（若该行政机关为警察厅，则职员范围包括警察本部长，以下同）、基于和该行政机关之间签订的第五条第四款或第八条第一款的合约（以下称"合约"）持有特定秘密的人员，以及有可能从事新的处理特定秘密的合适的保密人员（该行政机关长官根据下一条第一款之规定对其下达通知之日起五年内，并在其处理特定秘密业务时不存在泄密可能的人员，五年后被认为没有泄密可能的人员除外）。

2. 该行政机关人员、基于与该行政机关之间的合约持有特定秘密的人员，以及持有特定秘密的合适的人员，其中最后一类人员同时还应具备以下条件，即目前他还在从事保存特定秘密的业务，而且所在行政机关长官根据下一条第一款之规定对其下达通知之日起已过五年后还在从事处理特定秘密的业务。

3. 行政机关长官对该人员进行适应性评价时，认为其在从事处理特定秘密方面不存在泄密的可能，但之后存在泄密的可能性。

（二）根据以下事项对接受适应性评价的对象（以下称为"评价对象"）展开调查，基于结果实施适应性评价。

1. 与特定有害活动（为取得一旦泄露会对我国安全保障产生危害的未公开的秘密而从事的活动；研发可以散布核武器、军用化学制剂或细菌制剂的装置或者搬运上述武器和制剂的火箭以及无人机；有极大嫌疑出口或进口为发明、制造、使用、储藏上述物品所从事的活动。以上活动均可从

247

国外获得好处，并对我国及国民安全产生显著危害。与附表第 3 项所标注内容相同）、恐怖活动（将政治上的某些主义或主张强加给国家或他人，或者以对社会制造恐怖气氛为目的的杀人、破坏重要设施的活动）有关的事项［评价对象的家庭含配偶（包括没有结婚证但有着事实婚姻关系的情况）、父母、子女、兄弟姐妹以及这些人之外的配偶的父母和子女，以及同居人（不包括同居人的家庭）的姓名、出生年月、国籍（包括过去曾拥有的国籍）和家庭住址］。

2. 犯罪经历和受罚经历

3. 非法获得秘密的经历

4. 有无药物滥用及影响的情况

5. 精神病史

6. 饮酒程度

7. 信用状态和其他经济状况

（三）适应性评价须事先根据政令，将下列事项告知评价对象，并得到对方同意后方可实施。

1. 关于上述各款的事项进行调查的要点

2. 为进行上述调查，在必要的范围内根据下面的规定咨询评价对象，或要求其提供资料，以及提供询问后的报告要点。

3. 评价对象为第一款第 3 项所列举的情况时的要点

（四）行政机关长官可在为第二款进行的必要的调查范围内，向该行政机关人员询问评价对象或评价对象的熟人，还可要求评价对象提供资料，或者知会其所在的政府机关和团体并要求以上单位提供必要的报告事项。

（适应性评价的结果等的通知）

**第十三条**

（一）行政机关长官应将适应性评价的结果通知给评价对象。

（二）行政机关长官对合适的人员进行适应性评价后，应将结果通知到当事人；在没有基于上一条第三款得到该人员同意而未能实施适应性评价的情况下，需将评价要点传达给当事人。

（三）评价对象为合适的人员旗下服务的派遣劳动者［指《关于确保劳动者派遣事务正常运营以及保护派遣劳动者等的法律》（1985 年第 88 号法案）第二条第二款所规定的派遣劳动者］时，接到评价通知的合适的人员，需将通知内容传达给其雇佣的评价对象。

（四）基于第一款规定向评价对象通知处理特定秘密可能有泄密危险时，为确保适应性评价顺利实施，行政机关长官需要传达有危险的原因。但是，若该评价对象事先申请不需要接到此类通知，不在此限。

（对行政机关长官提出申诉）

第十四条

（一）关于根据上一条第一款之规定传达的适应性评价结果以及其他对该评价对象实施的适应性评价，评价对象可采用书面形式向行政机关长官提出申诉。

（二）行政机关长官收到上述申诉后，需如实处理，并将处理结果通知到申诉人。

（三）评价对象可以采用上述手段，避免自身利益受到损害。

（警察本部长实施的适应性评价）

第十五条警察本部长根据政令对下列人员实施适应性评价。

1. 该都道府县的警察（警察本部长除外，以下同）且有可能执行新的保守特定秘密的任务（警察本部长基于下一项第十三条第一款之规定，从下达通知之日起五年内对该人员进行适应性评价，且认为此人不会有泄密的危险，五年后的评价不在此限）。

2. 正在从事保护特定秘密的该都道府县警察，另外本单位的警察本部长基于下一项第十三条第一款之规定，从下达通知之日起五年内对其进行适应性评价，认为其在未来有可能继续从事保密事务。

3. 本单位的警察本部长对该人员进行适应性评价后认为此人不会有泄密的危险，五年后的评价不在此限。

（使用和提供有关适应性评价的个人信息的限制）

**第十六条**

（一）为达到保密之外的目的，行政机关长官和警察本部长没有基于第十二条第三款（包括上一条第二款替换的标准）标准征得评价对象的同意的情况下，不得擅自使用或提供与评价对象有关的适应性评价结果以及根据结果获得的个人信息［能根据姓名、出生年月及其他记载判断出特定的个人的信息（包括可以与其他信息相参照，并能根据其他信息判断出特定的个人的信息），以下同］。但是，根据适应性评价的实施，与该个人信息有关的特定的个人不符合以下法律条款的，则不在此限。这些法律条款包括：《国家公务员》（1947 年第 120 号法案）第三十八条各款、第七十五条第二款所规定的有关人事院的事由、第七十八条各款、第七十九条各款以及第八十条第一款；《检察厅法》（1926 年第 61 号法案）第二十条各款；《外事公务员法》（1952 年第 41 号法案）第七条第一款所规定的事项；《自卫队法》（1953 年第 165 号法案）第三十八条第一款各项、第四十八条第一款所规定的情况以及第二、三款各项；《地方公务员法》（1950年第 261 号法案）第十六条各款、第二十八条第一、二款各项以及第二十九条第一款各项。

（二）为达到保密之外的目的，在合适的人员指导下雇用派遣劳动者的用人单位不得擅自使用或提供基于第十三条第二款或第三款之规定通知的内容。

（权限或事务的委任）

第十七条 行政机关长官根据政令（若是内阁所属机构以及会计检查院，则指的是该机关的命令）可以委任该行政机关人员一定的权限或事务。

# 第六章　杂项

（指定特定秘密的运作标准等）

**第十八条**

（一）关于指定、解除特定秘密以及实施适应性评价，由政府指定统一的运作标准。

（二）内阁总理大臣试图指定或者更改上述标准时，必须首先听取有识之士的意见，他们在保护我国安全保障方面的秘密、公开行政机关持有秘密、管理公务文件等方面具有卓越的见识，在此基础上，大臣决定是否形成内阁决议。

（三）内阁总理大臣每年必须听取相关人士的意见，他们指定和解除基于第一项标准的特定秘密，规定施行适应性评价的状况。

（四）为确保公平，关于指定和解除特定秘密，以及实施适应性评价的状况，内阁总理大臣需要根据第一款之标准，代表内阁指挥监督行政各部门。在此情况下，为确保指定和解除特定秘密，以及实施适应性评价按照该标准进行，内阁总理大臣在必要时可以要求行政机关长官（会计检查院除外）提供并说明含有特定秘密信息的资料，并下达命令要求改进指定和解除特定秘密，以及实施适应性评价方面的内容。

（向国会汇报等）

**第十九条**　政府每年向国会汇报关于指定和解除特定秘密，以及实施适应性评价的内容，并予以公示。

（有关行政机关的协助）

**第二十条**　关于指定特定秘密、实施适应性评价，以及根据其他法律采取的措施，为防止关于我国安全保障的特定秘密泄露，有关行政机关长官要进行相互协助。

（对政令的委托）

第二十一条　除本法所规定的内容之外，需根据政令规定实施本法的手续以及实施其他法律的必要事项。

（本法解释的适用范围）

第二十二条

（一）关于本法的适用范围，不得过分解读，侵犯国民的基本人权，必须充分考虑报道或采访的自由，以保障国民的知情权。

（二）关于出版或新闻报道人员的采访行为，只要他们带有专门的公益目的，而且没有触犯法律或没有明显的不当行为，则可认为他们的行为是正当的。

# 第七章　惩罚措施

第二十三条

（一）凡是泄露被指定为"特定秘密"的情报的相关人员，将被课以10年以下徒刑或则根据具体情况处以1000万日元以内的罚款。即便该人员在泄密之时已经不从事保密业务，但依然需要按照此款进行惩处。

（二）凡是泄露根据第四条第五款、第九条、第十条以及第十八条第四款后半段之规定提供的"特定秘密"的相关人员，将被课以5年以下徒刑或者根据具体情况处以5年以下徒刑兼500万日元以内的罚款。凡是泄露根据第十条之一第三款第2项之规定提供的"特定秘密"相关人员，也适用于上述惩罚措施。

（三）上述二类情况未遂者，也要予以相同的处罚。

（四）因过失犯下第一项之罪者，将被课以2年以下徒刑或50万日元以内的罚款。

（五）因过失犯下第二项之罪者，将被课以1年以下徒刑或30万日元以内的罚款。

**第二十四条**

（一）为谋求（特定）外国利益或自身的不正当利益，或者危害国家安全、国民生命或身体的目的，通过对他人施行欺骗、暴力手段、胁迫的行为，或者通过窃取或损害财物、非法进入设施、监听有线电通讯、非法网络接入［指《禁止非法网络接入的法律》（1999 年第 180 号法案）第二条第四款所规定的不当行为］，以及其他的危害特定保密管理的方式，取得特定秘密者，将被课以 10 年以下徒刑或则根据具体情况处以 10 年以下徒刑兼 1000 万日元以内的罚款。

（二）上述情况未遂者，也要予以相同的处罚。

（三）上述二项之规定不妨碍刑法（1907 年第 45 号法案）其他处罚条款的应用。

**第二十五条**

（一）共谋、教唆或煽动他人实施第二十三条第一款或第二十四条第一款所规定之行为者，课以 5 年以下徒刑。

（二）共谋、教唆或煽动他人实施第二十三条第二款所规定之行为者，课以 3 年以下徒刑。

**第二十六条**　犯下第二十三条第三款或第二十四条第二款之罪行者，以及与他人共谋犯下第二十三条第一、二款或第二十四条第一款之罪行者，若有自首行为，则可减轻或免除其处罚。

**第二十七条**

（一）第二十三条所规定的处罚规则也同样适用于在日本国外犯下相同罪行之人。

（二）第二十四条及第二十五条处罚规则遵从刑法第二条。

# 附　则

（施行日期）

**第一条**　本法自公布之日起一年内，根据政令施行。但是第十八条第一、二款（变更部分除外）以及附则第九条、第十条之规定自公布之日起开始施行。

（临时措施）

**第二条**　自本法公布之日起两年内、根据政令定下的日期前一日，有关第五条第一款和第五款规定的适用，第五条第一款中规定的"根据第十一条规定的有权限处理特定秘密的人员中，该行政机关"中的"该行政机关"，以及第五条第五款"从第十一条规定的保护特定秘密的人员中，基于同款规定"中的"同款规定"，不适用于第十一条之规定。

（施行五年后的第二日之后的行政机关）

**第三条**　自本法施行之日（以下称"施行日"）起五年后到期日的第二日，有关第二条规定的适用，第二条中提到的"以下机构"指的是"以下机构〔没有持有本法施行之日起五年内，根据第三条第一款指定的特定秘密（包括防卫大臣基于附则第五条指定为特定秘密的防卫秘密，以下单指"特定秘密"）的机关根据政令制定的内容（内阁总理大臣基于请求，在听取第十八条第二款所规定的人员意见之后，同一天出于保密的需要新成立的机关根据政令规定的内容除外）〕除外"。

（修改自卫队法的部分内容）

**第四条**　对自卫队法的部分内容做如下修改。

将目录中"自卫队的权限等（第八十七条—第九十六条第二款）"改为"自卫队的权限（第八十七条—第九十六条）"、"第一百二十六条"改为"第一百二十五条"。

对第七章的章节名做如下修改。

第七章　自卫队的权限

删除第九十六条第二款。

删除第一百二十二条。

将一百二十三条第一款中的"一"改为"各款"、"禁锢"改为"囚禁"，将同条第五款"酩酊"改为"酩酊大醉"，将同一条第二项中的"协助"改为"帮助"、"鼓动"改为"煽动"，并将这一条改为第一百二十二条。

将第一百二十四条、第一百二十五条、第一百二十六条分别改为第一百二十三条、第一百二十四条、第一百二十五条。

删除附表中的第4项。

（修改自卫队法部分内容的临时措施）

第五条　防卫大臣把根据修改前的《自卫队法》（以下称"旧自卫队法"）第九十六条第二款第1项指定防卫秘密的有关事项看作是防卫大臣在施行日根据第三条第一款指定特定秘密的信息；防卫大臣在施行日前把根据旧自卫队法第九十六条之二第二款第1项所做的标记或根据第2项所做的通知等同于防卫大臣在施行日根据第三条第二款第1项做的标识或根据第3项所做的通知。在上述情况下，第四条第一款中"行政机关长官指定期限之际，应将指定之日"（也可称作"行政机关长官指定的日期"）指的是"本法施行之日"。

第六条　若是施行日前发生的行为，按照前例使用相关惩罚措施。根据旧自卫队法第一百二十二条第一款执行防卫秘密任务的保密员在施行日之前不再继续该任务时，若在施行日之后有泄露防卫秘密之行为，同样适用于相关惩罚措施。

（修改《内阁法》的部分内容）

第七条　对《内阁法》（1947年第5号法案）的部分内容做如下

修改。

将第十七条第二款第 1 项中的"以及内阁宣传官员"改为"以及内阁宣传官员和内阁情报官员"。

将第二十条第二款中的"协助"后，加上"和第十二条第二款第 1 项至第五 5 项所列举的事务中，有关保护特定秘密〔指的是《特定秘密保护法》（2013 年第 108 号法案）第三条第一款所规定的特定秘密〕的内容（内阁宣传官员掌握的内容除外）"。

（委任政令）

第八条　除附则第二、三、五、六条规定的内容之外，有关本法施行时所采取的必要的临时措施，根据政令予以规定。

（确保指定和解除的公平性）

第九条　政府需检验行政机关长官在指定和解除特定秘密时采取的标准是否基于独立且公正立场且有助于安全保障，研究为设置可监察的新机构以及确保指定和解除特定秘密时的公平性所采取的必要对策，并根据以上结果采取必要措施。

（向国会提供特定秘密以及在国会里采取的保护措施）

第十条　在向国会提供特定秘密方面，做如下规定。国会是行使国家权力的最高机关，参众两院须遵循有权规定国会和其他程序、内部规律的日本国宪法和基于宪法的国会法的精神，运用本法案。在保护上述特定秘密的政策方面，需在国会进行讨论，并根据结果采取必要措施。

# 附表（与第三条、第五条—第九条内容有关）

## 一、防卫相关事项

1. 关于自卫队运行的预估、计划及研究

2. 搜集有关防卫的电子秘密、图像秘密及其他重要秘密

3.2 所涉及秘密的收集整理及其能力

3. 关于防卫力量配备的预估、计划及研究

4. 用于防卫的通讯网络的构成和通讯方式

5. 用于武器、弹药、飞机等防卫力量的物品种类和数量

6. 用于防卫的密码

7. 用于武器、弹药、飞机等防卫力量的物品种类和数量、或这些物品的研究开发阶段的手段、性能和使用方法

8. 用于武器、弹药、飞机等防卫力量的物品种类和数量、或这些物品的研究开发阶段的制作、检查、修理及试验方法

9. 用于防卫的设施的设计、性能和内部用途（所列举的内容除外）

## 二、外交相关事项

1. 与外国政府、国际机构交涉、合作的方针和内容中，有关保护国民生命及身体、领土保护和其他安全保障的重要事项

2. 为达到安全保障之目的，我国实施的有关进出口货物方面的禁令及其他措施和方针

3. 在安全保障领域，搜集关于保护国民生命及身体、领土保护、国际社会和平与安全方面的重要情报和条约、基于其他国际条约有必要进行保护的情报

4. 第 3 项中列举的情报的搜集整理和能力

5. 用于联系外务省和在外公馆以及其他外交用途的密码

## 三、防止特定有害活动相关事项

1. 为防止特定有害活动引起的损失发生及扩大而采取的措施、计划和研究

2. 关于防止特定有害活动方面，收集关于保护国民生命和身体的重要情报，以及从外国政府或国际机构得到的情报

3. 第 2 项中所列举的情报的搜集整理和能力

4. 用于防止特定有害活动的密码

## 四、防止恐怖主义活动相关事项

1. 为防止恐怖主义活动引起的损失发生及扩大（以下称"防止恐怖主义活动"）而采取的措施、计划和研究

2. 关于防止恐怖主义活动方面，收集关于保护国民生命和身体的重要情报，以及从外国政府或国际机构得到的情报

3. 第 2 项中所列举的情报的整理搜集及其能力

4. 用于防止恐怖主义活动的密码